Índice

1
Tenancingo, tierra olvidada

Son las dieciocho horas con cuarenta y cinco minutos del tercer sábado de julio. Un automóvil BMW gris, modelo reciente, de carrocería impecable, con placas del estado de Tlaxcala, circula sobre la avenida Insurgentes Centro, detiene su marcha durante unos segundos y continúa. Al dar vuelta a la derecha, en la esquina de Luis Donaldo Colosio y Jesús García, disminuye la velocidad al tiempo que las puertas traseras del auto se entreabren y al frenar, descienden tres jovencitas. Los tacones negros son los primeros en tocar la acera, seguidos de unas botas atezadas, altas, y de unas zapatillas rojas. Por sus atuendos, parecen estar uniformadas o que compraron su ropa en el mismo lugar. Sus cuerpos quedan expuestos a través de la delgada y elástica tela que los cubre.

Cuando ellas salen del BMW, sobre la calle de Luis Donaldo Colosio, otras 27 mujeres ya están paradas sobre la banqueta. Con sus celulares en mano y bolsos colgados sobre las ramas de los árboles, en los que de vez en vez se recargan para descansar de los tacones de 12 centímetros, esperan a los clientes. Cada una en el espacio de banqueta que le fue asignado. No se dirigen la palabra. Se miran con desconfianza.

Las tres pasajeras del BMW se colocan en su pequeño espacio. Tampoco se hablan. Una de ellas, con *leggins* color beige y blusa *strapless* café extrae de su bolsa un lápiz labial rojo, se retoca y al igual que sus compañeras, aguarda. A las diecinueve horas un taxi con la cromática oficial de la ciudad de México se estaciona frente a ellas, mueve medio cuerpo hacia la ventanilla del pasajero y se acercan de inmediato. No es un cliente en busca de sexoservicio, así lo indica el mutismo de las otras ocupantes de la banqueta.

El chofer les da instrucciones. Es como un supervisor de su trabajo. Entre pasajero y pasajero, las vigila, las observa. Les hace saber, de forma verbal y amenazante, que no están solas y que cualquiera de sus movimientos será reportado a su propietario, de ellas y del BMW.

De las diecinueve horas del sábado a las cinco de la mañana del domingo, la joven con *leggins* color beige y blusa *strapless* café atendió a veinte clientes. Cada vez que regresa a su espacio de la banqueta se pinta los labios, envía un mensaje de texto desde su celular y se reacomoda el pelo negro que apenas le roza los hombros.

Con el paso de las horas la actividad se incrementa en la zona. Vehículos de todas las marcas, modelos y colores desfilan por la orilla de la banqueta. Algunos conductores sólo miran, otros preguntan y hay quienes le abren la puerta a estas acompañantes que sólo tienen permitido permanecer 30 minutos con cada cliente en los hoteles cercanos. Hoteles autorizados.

A pesar de que la madrugada se empieza a poner fría, los hombros de las jóvenes que van y vienen siguen descubiertos. Por ratos doblan ligeramente una pierna para descansar de los tacones, pero aunque están de pie en la orilla de la banqueta, tienen prohibido sentarse. Los taxistas, sus supervisores, no dejan de rondarlas. Los vecinos de la zona aseguran que están contratados para cuidarlas de algún cliente abusivo y evitar que alguna se escape.

Son casi las cinco de la mañana, el chofer del BMW se da vuelta sobre la avenida Insurgentes Centro y antes de llegar a la esquina frena la marcha del vehículo. La joven con los tacones negros, *leggins* azul claro y blusa azul rey aborda primero, seguida de su compañera con las botas negras, jeans ajustados y blusa roja. Arribarán a Tenancingo, Tlaxcala, adonde duermen, medio comen, medio descansan y son presas de sus padrotes. Ahí llegaron engañadas por el amor o bajo amenazas de muerte. Ahora tienen miedo de todo, pero principalmente de sus padrotes.

El refugio

A 120 kilómetros de la zona de Buenavista, en el centro de la ciudad de México, está la entrada del municipio de Tenancingo.

Una hora con treinta minutos separan a la capital de la República Mexicana de uno de los 60 municipios que tiene el estado de Tlaxcala, uno de los más pequeños del país, pero muy subdividido.

En Tenancingo viven 12 mil personas según el censo oficial de 2010. Es un pueblo de calles irregulares, la mayoría no están pavimentadas. Es el mediodía y unas cuantas personas salen de sus casas a llevar a los niños a la escuela o a recogerlos. No se aprecia mucha actividad.

Hace calor, pero doña Tere, dueña de la tienda de abarrotes «Casa Jiménez», dice que esa no es la razón por la que las calles lucen medio vacías. El termómetro apenas marca 25 grados. «Acá nadie sale si no tiene a qué salir».

Con la mirada puesta en la acera de enfrente, pendiente de cada movimiento de los vecinos de la casa en obra negra, cuya puerta queda justo frente a la tienda, se limita a comentar: «No nos gusta que la gente de afuera venga a ver cómo vivimos aquí, ni nos andamos metiendo en la vida de los demás, por eso sólo salimos de la casa cuando es necesario», advierte entre molesta y apresurada, para terminar la conversación.

Al caminar por la calle de Ayuntamiento, un niño en su bicicleta y una mujer con vestido azul y estampado con flores blancas, de esquina a esquina, intercambian un mensaje a través de un espejo del tamaño de la palma de su mano. Él, de unos 13 años de edad, se cambia de acera pero no deja de observar a los visitantes. Al preguntarle adónde queda el hotel más cercano, de inmediato responde: «En el pueblo que sigue, en San Pablo del Monte o en Tlaxcala, aquí no hay hoteles ni turistas».

Sobre la acera hay varios autos estacionados. Un Pontiac amarillo de modelo reciente; un Honda blanco, justo en la entrada de una casa de cuatro pisos y un reluciente Jetta rojo.

Tenancingo es un escaparate de casas silenciosas de dos, tres y hasta cuatro pisos, la mayoría con acabados estilo californiano. En cada cuadra hay una o dos viviendas que sobresalen de las demás por su majestuosidad, al menos en tamaño y fachada. Grandes cúpulas, amplios terrenos y pintura de colores chillantes las vuelven atractivas a la vista, aunque al acercarse, la mayoría tiene partes en obra negra o terminados poco finos.

Entre calle y calle hay lotes baldíos, grandes residencias, una que otra parcela de maíz y, al menos, un altar a la virgen de Guadalupe o dedicado a San Judas Tadeo y, recientemente, como dice Doña Tere, «somos muy devotos de la Santa Muerte y por eso le ponemos sus altarcitos, aunque no nos olvidamos de nuestros santos de siempre».

Ese es el Tenancingo de ahora, el que figuró en los medios de comunicación internacionales tras la captura, en 2005, de varios integrantes de la familia Carreto Flores, cuatro hombres y tres mujeres que operaban una red de trata de personas, entre Tlaxcala y Nueva York, en la que durante 14 años explotaron sexualmente a nueve mujeres, y quienes actualmente cumplen sus condenas en cárceles de Estados Unidos.

El nombre de Tenancingo, según la *Enciclopedia de los Municipios y Delegaciones de México,* proviene del náhuatl y quiere decir «lugar fortificado o amurallado», significado histórico que le da sentido a la realidad que hoy se vive en esos 17.34 kilómetros cuadrados de extensión, en los que niñas y mujeres son sometidas por los padrotes que las engancharon y por sus familias, que las mantienen encerradas y vigiladas para que no huyan, pues ellas son la materia prima de su negocio.

A raíz de la detención de la familia Carreto Flores y de otros padrotes, tras varios operativos policiacos de la Procuraduría General de la República y de la Procuraduría General de Justicia del Distrito Federal, entrar a Tenancingo o pasear por sus calles irregulares es difícil, los lugareños desconfían de los autos con placas de otros estados. Ellos mismos montan su vigilancia. Se comunican a través de espejos o de teléfonos celulares cuando descubren que algún extraño merodea por el pueblo al que consideran su territorio, igual que a las mujeres. Desde las ventanas más altas de las casas observan los movimientos de toda la gente. Temen la indiscreción de sus propios vecinos y mucho más de los paseantes ajenos.

Interés internacional

En la última década, Tenancingo se ha vuelto objeto de estudio de propios y extraños. Antropólogos y sociólogos han tratado de explicar el nacimiento, desarrollo y auge de familias de padrotes que conquistan o secuestran mujeres, muy jóvenes, para explotarlas sexualmente y mantenerlas bajo su yugo.

Reporteros nacionales y extranjeros han llegado a la región para documentar la trata de personas en Tenancingo, fenómeno que ha venido en aumento y que, en los últimos años, ha permeado a otros quince municipios de Tlaxcala, la mayoría ubicados al sur del estado.

En atención a una solicitud del gobierno estatal y ante el surgimiento de movilizaciones sociales que exigían que se visibilizara el problema en la entidad, la doctora Patricia Olamendi, experta en derechos humanos, realizó el estudio *Trata de mujeres en Tlaxcala*, para elaborar un diagnóstico.

Tras meses de encuestas a pie de calle entre los habitantes de Tlaxcala, constató que seis de cada 10 tlaxcaltecas conocen el fenómeno y 98 por ciento de ellos considera que la trata de personas viola los derechos humanos, además de que identifican a Tenancingo como «la meca» de los padrotes.

Mientras que al consultar la opinión de los funcionarios de la entidad, detectó que las autoridades estatales sí conocían el problema, pero le atribuían la responsabilidad a las mujeres, sólo a ellas.

El estudio fue solicitado durante la administración del entonces gobernador del estado, emanado del Partido Acción Nacional (PAN), Héctor Ortiz Ortiz (2005-2011). Cuando la investigadora le preguntó a él y a otros funcionarios de su gabinete cómo concebían el problema, surgieron frases como: «Las mujeres se acostumbran a la obtención del dinero fácil», «tenemos un problema muy grave en la entidad: las mujeres son muy locas», «cuando los esposos se van, las mujeres tienen aventuras y al quedar embarazadas buscan a un amigo que las corretee en la milpa, les dé unos golpecitos y luego vienen a decir que las violaron», «las jóvenes se bajan los calzones hasta por un cartón de cerveza».

Fue en 2008 cuando las organizaciones de la sociedad civil exigieron a las autoridades que reconocieran el problema y actuaran en consecuencia, pero de entonces a la fecha en Tenancingo y otros quince municipios circunvecinos son mudos testigos de la esclavitud del siglo XXI: la trata de mujeres con fines de explotación sexual.

El pasado cercano

La historia reciente de Tenancingo habla de una comunidad dedicada, en su mayoría, a la industria textil.

A media tarde de un domingo de junio, el doctor en antropología social originario de Tlaxcala, Ricardo Romano, estudioso de las costumbres, ritos y culturas de su pueblo, pide un café en el restaurante «Los Portales», en pleno centro de la capital del estado, y entre un sorbo y otro comenta que la aparición del oficio del padrote en la región tiene su origen en el conflicto obrero-patronal de los años setenta y principios de los ochenta.

De tez morena, como de un metro y sesenta centímetros de estatura, no duda en describir a los hombres de su estado. «Los tlaxcaltecas no somos guapos, bueno al menos no de acuerdo con los estándares de la cultura occidental, somos más bien de rasgos indígenas». Suelta este comentario para contextualizar la idea de que posterior al rompimiento de las relaciones entre obreros y patrones, los trabajadores varones tuvieron que buscar en qué ocuparse «y no entiendo cómo con esta pinta logramos posicionar a Tlaxcala como semillero de proxenetas».

Y es que de acuerdo con su relato, en esa época, la mayoría de los hombres de Tenancingo se dedicaba al trabajo fabril y estaba integrada a la estructura sindicalista, pero cuando se suscita el enfrentamiento, se disuelve el modelo de patrón-obrero. Muchos trabajadores fueron despedidos de las fábricas y boletinados para que no pudieran laborar en otros lugares.

Cientos se quedaron en el desamparo económico. Buscaron otras alternativas y fuentes de empleo, de ahí que tuvieron que emigrar a la ciudad de México en busca de trabajo.

Los lugareños y algunos estudiosos del sistema económico, de las costumbres y los valores de este poblado, cuentan que fue en ese momento histórico cuando apareció en Tenancingo la figura del proxeneta.

Don Horacio, un hombre de 80 años, originario de Tenancingo pero autoexiliado en Tlaxcala, la capital del estado, por motivos laborales y familiares, cuenta que, tras su despido, el primer padrote fue un obrero que buscó trabajo en la ciudad de México.

Según la historia que coincide con la versión de otros octagenarios de la región, el tlaxcalteca se hizo amigo de un ex agente de la policía judicial del Distrito Federal, quien a su vez era amigo de los proxenetas del mercado de La Merced, ubicado en el corazón de la ciudad de México, y que es muy conocido porque en sus aceras decenas de mujeres, jóvenes y maduras, ofrecen servicios sexuales a cualquier hora del día.

«En el pueblo se cuenta que los padrotes de La Merced le enseñaron el oficio. Primero aprendió a conquistarlas y luego a convencerlas de que se prostituyeran para él. El oficio del padrote consiste en echarles verbo a las mujeres, no hay que olvidar que verbo mata carita» [*sic*].

Lo que ellos hacen, relata don Horacio, es ubicar a las mujeres de apariencia vulnerable; yo diría que hasta desarrollan el sentido del olfato para identificar a las que es fácil endulzarles el oído con frases de amor y esas cosas.

Entrecierra los ojos, se le remarcan las arrugas en el rostro, guarda silencio unos minutos y comparte el recuerdo que estaba buscando en su memoria: «Creo que el primer padrote fue pastor protestante. Se fue de por acá por falta de trabajo y se fue por el mal camino. Eso se decía en el pueblo, que el hombre que se dedicaba a prostituir mujeres antes daba sermones y hablaba de la palabra de Dios. Vueltas que da la vida».

Así es como empieza la ruta de explotación sexual de mujeres entre Tlaxcala y la ciudad de México.

Osvaldo Romero Melgarejo, antropólogo social de la región, fue uno de los primeros en investigar el tema. En sus estudios muestra el vínculo entre la migración de varones tlaxcaltecas a la ciudad de México y la prostitución de mujeres.

No todos los hombres que fueron expulsados de la región por falta de empleo se dedicaron a actividades lícitas, todo lo contrario, se iniciaron en el negocio de la prostitución en el que involucraron, poco a poco, a sus familias, hasta convertirse hoy en redes organizadas de trata de personas con fines de explotación sexual.

Igual que sus colegas, Romero Melgarejo advierte que en la región sur del estado el oficio del padrote y la permisividad social hacia la trata de personas han permeado entre las familias.

Tan es así que hoy, el Centro Fray Julián de Garcés, un organismo de la sociedad civil en la entidad, tiene registro de presencia de proxenetas en las comunidades de Acxotla del Monte, Acuamanala de Miguel Hidalgo, Ayometitla, Olextla, Santa Catarina Ayometla, San Cosme Mazatecochco, San Isidro Buensuceso, San Pablo del Monte, Santa Cruz Quilehtla, San Francisco Papalotla, San Francisco Tetlanohcan, San Luis Teolocholco, San Miguel Tenancingo, San Francisco Tepeyanco y Zacatelco de la región del volcán La Malinche.

En el libro *La Malinche. Poder y religión en la región del volcán*, Romero Melgarejo define a los padrotes como una categoría laboral en la que:

Los hombres de diferentes grupos familiares se especializan laboralmente en prostituir mujeres como una forma de obtener dinero; es-

16

tos proxenetas inducen a mujeres de la región y de otras partes de la República Mexicana. El fenómeno da paso con la ampliación de redes laborales y de amistad con sujetos de la sociedad urbana que se dedican a la prostitución femenina, que traban relaciones clientelares con agentes judiciales del gobierno de donde obtienen protección. El campo de acción de los proxenetas llega a Apizaco, Santa Ana Chiautempan, Coatzacoalcos, Guadalajara, Matamoros, México y Tampico, entre otras.

En los primeros años de actividad, su centro de operaciones fue la ciudad de México por la cercanía entre ambos lugares, las vías de comunicación que las conectaban y sobretodo porque en la gran urbe es fácil perderse entre las multitudes para realizar actividades ilícitas.

Actualmente, hay investigaciones policiacas que dan cuenta de numerosas familias de padrotes que han traspasado la frontera norte de México para explotar sexualmente a mujeres que mantienen cautivas y bajo amenazas de muerte en casas de seguridad en Los Ángeles, California; Nueva York, Atlanta y Miami, entre otras.

Una iglesia, un kiosco, un pueblo como cualquiera

En torno a la avenida principal de Tenancingo convergen: la iglesia de San Miguel Arcángel, el parque con su kiosco tradicional, el palacio municipal y una escuela primaria.

El trazo de la comunidad está fraccionado en secciones de la uno a la cinco y La Colonia, adyacente a la avenida Panzacola que divide a Tenancingo de su vecino más cercano, San Pablo del Monte. No hay bares, no hay antros, no hay restaurantes. Recientemente, a un costado de la iglesia, permitieron la instalación de unos puestos informales adonde venden comida, «pero antes no había ni dónde echarte un taco», comenta una vecina apresurada.

Si un visitante llega a Tenancingo sin conocer los pecados del pueblo, podría pensar que es una comunidad como muchas que hay en toda la República Mexicana: pequeña, silenciosa, tranquila y con bajo nivel de desarrollo en infraestructura.

Pero sobre la carretera hay un elemento que podría dar señales de lo que ocurre al interior de esas majestuosas casas. Es el letrero BIENVENIDO A TENANCINGO. En el costado izquierdo se ubica el emblema del municipio con la imagen de lo que parece ser la mitad de un cuerpo femenino de la cintura hacia los pies. Se aprecian unas piernas regordetas pero torneadas, en cuclillas, y el contorno que sube de los glúteos hasta llegar a la cintura, adonde termina la figura humana y se forma un rectángulo que sostiene tres coronas circulares.

Quienes identifican a Tenancingo como «una cuna de padrotes» comentan que el emblema tiene una gran representación dados los hechos que se viven en la comunidad. Sin embargo, para los estudiosos de la simbología náhuatl, el glifo que muestra la imagen es el cuerpo de un varón fajado con un ceñidor, lo que significa persistencia.

Pero mientras los antropólogos determinan si el símbolo representa el pasado o el presente de Tenancingo, una que otra camioneta Hummer rechina las llantas al ingresar a la comunidad. El conductor, un hombre joven, moreno, de torso robusto, acelera y frena al mismo tiempo. Levanta el polvo, se hace notar. En el asiento del copiloto una joven de pelo largo y negro se ríe a carcajadas de las travesuras del hombre que una y otra vez se acomoda sus gafas oscuras.

Es el Tenancingo de la actualidad, el de los coches ostentosos y las casas majestuosas. Es la tierra que después de la crisis obrero-patronal vio florecer el negocio de la venta de mujeres. Es la tierra que hereda de generación en generación el oficio de padrote, por lo menos en las últimas cinco décadas. Es la tierra adonde la sociedad terminó por aceptar que esa sería su nueva forma de supervivencia.

Romano advierte que la aceptación social del oficio del padrote se ha ido expandiendo en la región sur del estado. «Es un proceso que se fue insertando paulatinamente a las actividades de la comunidad. Ser proxeneta no tiene que ver con una identidad cultural

18

de la comunidad. No nace ahí, se hace y se forma por las necesidades y por la presión estructural de la crisis económica y por la imitación. Es una economía que se sustenta en el uso de la violencia».

En Tenancingo hay un reacomodo de los valores porque paralelamente a la práctica del proxeneta, se han tenido que modificar las costumbres sociales y familiares, a tal grado que sus madres y sus esposas han debido romper con la estructura tradicional de la monogamia y adaptarse a la poligamia que practica el padrote.

Los patrones familiares cambian y pasan de ser monógamos a poligínicos y esto es aceptado por toda la red de parentesco y luego por la comunidad. Una vez que el oficio de padrote ha penetrado a los tejidos familiares y ha sido aceptado, comienza un reajuste de valores morales en la comunidad. Pasa de la coyuntura económica al cambio en los patrones familiares, hasta llegar al nivel de los símbolos y de los festejos, donde la recreación de lo social se observa en las pautas y en los rituales que establecen una legitimación de este nuevo orden.

Los padrotes se vuelven mayordomos, fiscales o funcionarios públicos. Se convierten en una figura de supremacía y de prestigio en la comunidad. Están posicionados en las cúpulas del poder local. Conforman una red que articula familias. También existen porque la corrupción y la impunidad se los permiten. Es una práctica protegida y avalada por todos.

2

El carnaval de la violencia

Suenan como si fueran balazos, tiros lanzados a mano contra un rival que está a menos de dos metros de distancia. Imposible fallar, pero estos disparos no matan. Duelen y abren la piel, una y otra vez. Cualquier protección que se lleve en el cuerpo es insuficiente. Y así debe ser, porque quien aguante estos tiros y al final domine a los demás, demostrará a todos quién es el padrote que manda en el carnaval de Tenancingo.

«¡Órale cabrones, ábranse que ya llegó la Cuarta, ya llegaron los meros chingones! ¡Ábranse putos, órale! ¡Tírale a esa pinche monjita, ábrela, muévela!» [*sic*], gritan los protagonistas del carnaval.

El tronido seco sale de la punta de las *cuartas*, que son látigos hechos con fibra de magüey, cargados con clavos o pedacería de fierro, a manera de metralla.

Es el baile del carnaval, el baile del pueblo que se celebra cada año, una semana previa al miércoles de ceniza, entre los meses de febrero y marzo. No tiene una fecha fija, pero su importancia como fenómeno de aglutinamiento social va en aumento, aunque eso no significa que los valores sociales, familiares y morales que hoy son el sustrato de la fiesta sean positivos. De hecho, sucede al revés.

«¡Acá estamos Los Elegantes! ¡Pura pantera rosa! ¡Esos putos de la Quinta, mejor ni salgan! ¡Quédense a cuidar a sus putas de la esquina! ¡Les vamos a partir su madre orita! ¡Puro Tepepaaan! ¡Puro barrio finooo!» [*sic*].

La celebración conjuga una parte del universo de acontecimientos en torno a la trata de personas en Tenancingo, desde la opresión ancestral y el juego de las relaciones de poder entre los antiguos hacendados y terratenientes (con su escala de poder, control y vasallaje), hasta la fractura de la relación laboral –en la era moderna– entre ex campesinos asalariados y sus patrones.

Lo que en otras fiestas y carnavales es jolgorio y renovación, en ésta se convirtió en explosión constante, en revancha y confrontación de los que lo tuvieron todo, luego lo perdieron en la Conquista y más tarde creyeron recuperarlo siendo obreros textiles, maquiladores y albañiles, y terminaron creando las condiciones de una degradación y pérdida de valores sobre las que construyeron los tratantes de personas para prostituirlas, por las buenas o por las malas.

La fiesta, que era para celebrar la emancipación, se convirtió en una suerte de *juego de guerra* entre los propios habitantes de Tenancingo. Cuando se retan y se agreden con las cuartas hasta sangrar, el universo que se fragmenta es el de ellos y ellas, solamente, ya que bajo ninguna circunstancia permiten que participe alguien ajeno a su comunidad.

«¡Llegó su pesadilla, culeros! ¡Aquí está la Segunda, la que se los chinga a todos! ¡A ver perros, a ver quién se va a partir la madre ahorita conmigo! ¡Éntrenleee!» [*sic*].

La violencia como fiesta

La tarde está húmeda. Las últimas lluvias de la temporada refrescan el adoquín frente a los negocios que tapizan el portal en la plaza principal de Tlaxcala, la ciudad capital del estado. Uno de los establecimientos es un café adonde el profesor e investigador Ricardo Romano Garrido, de los contados especialistas que han abordado de manera directa el caso de la trata de personas en Tenancingo, explica el origen y significado real, actualizado, del carnaval como una de las máximas expresiones legitimadoras de los padrotes en sus comunidades.

El entrevistado pertenece a la plantilla de profesores del Centro de Investigaciones Interdisciplinarias sobre Desarrollo Regional de la Universidad Autónoma de Tlaxcala (CIISDER-UAT).

En 2009 publicó el ensayo *Lenocinio y carnaval. De la violencia real al drama ritual. Nuevos actores, nuevos escenarios en San Miguel Tenancingo*, como parte de la compilación «*Autonomía, Violencia y actores sociales en Tlaxcala, Puebla e Hidalgo*», coordinada por Osvaldo Romero, Magdalena Sam, Carlos Bustamante, y editada por la Universidad Autónoma de Tlaxcala.

En entrevista, hablamos de las heridas y cicatrices de los gladiadores del carnaval que se ostentan como jefes de los principales grupos de cada sección en Tenancingo, y de los años en los que la fiesta era una válvula de escape, un medio para mofarse de las figuras autoritarias que lo controlaban y lo tenían todo en la región.

El carnaval dura tres días. Comienza un lunes, con el desfile de las camadas de cada una de las cinco secciones y La Colonia, que forman la estructura territorial de Tenancingo. Puede haber hasta cinco camadas por sección y cada una está integrada por unas diez personas.

Lo que ocurre es lo más cercano a la tradición en la que la gente bailaba con música de banda y se burlaba de los charros que trabajaban para los patrones en las haciendas.

Los campesinos e indígenas ubicados socialmente varios peldaños debajo de los charros, se vestían coloridos, adornaban sus sombreros con plumas y lentejuelas, usaban ropas holgadas de telas llamativas y rematadas con listones, flores, bordados y ropajes gruesos para resistir los latigazos. Llevaban sonajas, chirimías y botas con adornos.

Todavía ahora engalanan sus cabezas con un tocado decorado con plumas anchas, de colores pastel, extendidas, muy amplias, como las que luce cada noviembre *La Catrina*, de José Guadalupe Posada.

Usan máscaras de madera talladas y pintadas a mano con las facciones de los hombres de hace dos siglos, elaboradas por un puñado de artesanos que heredaron la tradición de sus abuelos y padres. La *piel* de esas caretas es blanca, morena, negra y hasta color rosa, según lo que pidan los bailarines y los toreros que las mandan a confeccionar de forma que combinen con los trajes de la fiesta.

Sus labios son rosados. Algunas tienen las mejillas con tonos carmín y están rematadas con un fino bigotillo negro o largas barbas enmarcando rostros sonrientes, algunas con dientes luminosos, perfectos. Una máscara de buena manufactura, colorida, fina, bien tallada y pintada, cuesta entre dos mil y tres mil pesos.

Los varones usan estos rostros postizos sobre todo el primer día del carnaval. Pero para la segunda o tercera jornada las costumbres habrán cambiado, portarán máscaras de luchadores profesionales más baratas, intimidantes, modernas, fáciles de conseguir y sobre todo, más representativas de la violenta realidad que enfrentan los habitantes del lugar.

Así ocultarán su verdadera identidad los toreros rebeldes, entre quienes hay muchos padrotes y aspirantes a serlo, algunos con antecedentes penales y buscados por las autoridades federales y estatales por el delito de lenocinio, corrupción de menores y trata de personas o por otros de diversa índole.

La violencia como recurso

El investigador Ricardo Romano Garrido dice que la tradición en torno a la fiesta del carnaval sucumbió ante el embate del proxenetismo que, como actividad económica redituable, acabó por transformar no sólo las relaciones sociales y las formas de convivencia en Tenancingo, sino también los códigos morales de las familias y las manifestaciones culturales que cohesionaban a la comunidad.

El esquema del carnaval estaba enmarcado en el paganismo, se basaba en valores unificadores como el respeto, la convivencia y la conservación de la familia tradicional mexicana, con una estructura monógama. Todo eso cambió con el surgimiento de los padrotes, con la efervescencia de la trata de personas en la *ciudad amurallada*.

Romano muestra y describe una imagen de la amplia colección de fotos que posee de los últimos dos o tres carnavales de Tenancingo.

Este torero que está vestido como gladiador tiene las marcas de los combates anteriores, tiene marcas aquí —señala las heridas y las cicatrices—. No lleva protección. Él sale así, mostrando el pecho, para que su gente y el resto del pueblo lo vean fuerte, resistente y dispuesto soportar y dar más castigo. Al final, eso lo va a reivindicar ante los suyos y ante los rivales.

El carnaval es una parte del entramado que presenta las facetas de una cultura en la que la virilidad es un elemento básico en la reproducción de esta economía de la violencia.

—¿Cómo empieza el carnaval, tiene algún origen?

—En Tlaxcala el origen se remonta a la época colonial, aquella etapa histórica cuando las haciendas regían la organización económica y social de la vida rural de México.

En este estado, el trabajo realizado en las haciendas derivó en ciertas prácticas de control hacia los peones, a los acasillados; gente de origen indígena con raíces comunitarias y que se guiaba por prácticas culturales muy distintas a las que se proponían dentro del sistema hacendario.

Lo que ocurrió en Tlaxcala fue el surgimiento de una oligarquía, cuya actividad condicionó el tipo de relaciones entre los gobernantes y la gente originaria del lugar. Durante muchos años la crianza de toros de lidia fue la actividad productiva preponderante, y se tradujo en una etapa de sometimiento y explotación de los indígenas tlaxcaltecas.

En el caso de Tenancingo, por ejemplo, y de otras regiones de Tlaxcala, la indumentaria del carnaval, los trajes, los tocados, la máscara y hasta la música son satirizados, son una especie de burla que le hacen los campesinos e indígenas a la élite que los domina, somete y mantiene bajo cierto control.

El disfraz de catrín representa a un criollo acaudalado con ropa formal, con sombrero de copa y la careta con facciones totalmente occidentales. En el carnaval, el indígena usurpa su identidad y así se mofa de él.

Es, a todas luces, un desahogo, una válvula de escape con muchas vetas para el análisis. A decir del especialista, en el carnaval se da un proceso de inversión social en el que las normas que todos acatan normalmente se relajan y se alteran. Las prácticas cotidianas quedan de lado para dar paso a otras que no ocurren en el día a día.

De esta forma se potencia lo que sucede en el carnaval. Todas las tensiones y problemas que se acumulan durante un año salen a la luz en el festejo. La gente celebra sin límites, bajo sus propias reglas.

Romano detalla el caso del carnaval de Tenancingo, en el que se personifica a los charros como figuras del poder oligárquico de la élite que cultivaba el gusto por la tauromaquia. El charro representa al capataz de la hacienda.

La fiesta se creó como un medio para burlarse de ellos, de los charros y los dueños de las haciendas, pero fundamentalmente de los primeros, quienes estaban en contacto directo y constante con indígenas y campesinos.

La ropa y los implementos usados evocan al antiguo charro mexicano, pero transformado en una versión carnavalesca que lo presenta con sombreros grandes, plumas coloridas y una capa muy vistosa decorada con lentejuelas y con un látigo en la mano. Este último es el símbolo del poder de los capataces de las haciendas. Es a partir de esta arma como se somete a los indígenas.

El ritual de los toreros es indispensable en el desarrollo del carnaval, pero ellos sólo son una parte de la fiesta que atraviesa otras etapas históricas, como el proceso de industrialización en la región, cuando aparecen los sindicatos.

La violencia como historia

La vida de Tenancingo y la de sus vecinos, habitantes de los pueblos aledaños en el estado de Tlaxcala, es también una versión reeditada de las penurias que los pobladores de la *ciudad amuralla-da* han sufrido durante siglos para conservar su identidad y tradiciones, para no ser abatidos y poder escribir su propia historia.

La etapa del desarrollo industrial de Tlaxcala y de sus principales ciudades definió la suerte de miles de hombres en Tenancingo, en medio de numerosas dificultades y de una dinámica de relaciones laborales que se estancaron en una máquina del tiempo que reprodujo la opresión y el maltrato a los trabajadores.

La región productiva de Tenancingo se transforma en una zona industrial que convierte a los descendientes de los antiguos peones acasillados en obreros de diverso tipo. Todo ello queda plasmado en las manifestaciones culturales de los tlaxcaltecas y forma parte del acervo que defienden los habitantes de los municipios y regiones de Tlaxcala.

El investigador de la Universidad Autónoma de Tlaxcala (UAT) explica que «la representación de este ritual inicialmente tenía un sentido concreto; había un capataz que buscaba a los toreros insurrectos y cuando se encontraban cara a cara tenían el derecho de enfrentarse en un duelo de latigazos. Esos toreros sublevados estaban desperdigados por el pueblo, llegaban con las muchachas y les recitaban versos y coplas. Se burlaban de todo mundo. Esto prevaleció más o menos hasta la década de los setenta y ochenta».

Los procesos sociales que provocaron estas transformaciones duraron mucho tiempo, tras lo cual aparece la figura del proxeneta de Tenancingo bajo condiciones especiales, dice Romano.

Auge y caída

El investigador de la UAT asegura que el proxeneta de Tenancingo se convirtió en poco tiempo en «el eje central de la economía de la violencia».

Cuando el padrote aparece en la escena, la figura del capataz se desvanece tanto en el ritual del carnaval como en el simbolismo y en la vida diaria de los habitantes de Tenancingo.

El padrote ocupa entonces un sitio de poder y dominio frente al boyero (pastor del ganado). Es el torero rebelde que no tiene amo, que anda de acá para allá y alardea tratando de enamorar a las muchachas del pueblo con coplas, con canciones, como sea.

Poco a poco se dan las condiciones en las que el proxeneta emerge de la oscuridad, abandona la vida clandestina y se asume como figura central en el equilibrio de poderes en Tenancingo.

Las relaciones de convivencia y poder con sus vecinos, con sus amigos y con su familia se transforman. Sus rivales en la ciudad hacen lo propio y establecen códigos y alianzas, delimitan territorios y formas de ejercer el control de lo suyo. El carnaval les da la ocasión propicia para marcar sus espacios en las calles, para mostrarse y buscar legitimidad en el marco de una fiesta popular.

Pronto, las vestimentas tradicionales se transforman. Los padrotes crean sus propias camadas, desfilan, retan y anuncian cuál es la sección que defienden y amenazan abiertamente a los de tal o cual calle, familia o sección. Así plantean formas de dominación y poder económico ante rivales, amigos, vecinos y familia.

Pero este salto de la fiesta tradicional a la versión violenta ligada al fenómeno de la trata de personas y el proxenetismo, tiene un marco de referencia en los años del crecimiento industrial de la región y en su posterior desplome con las sucesivas crisis económicas en las décadas de los setenta y ochenta.

Tlaxcala, y en particular Tenancingo, vivieron su momento de auge con el establecimiento de decenas de empresas procesadoras de alimentos, textiles y de confección de ropa. El inicio del crecimiento económico en el estado a principios de la década de los setenta, con Emilio Sánchez Piedras como gobernador, significó la creación de parques industriales y la llegada de 250 empresas distribuidas en ocho municipios. Para 1977 este esquema de crecimiento le daba trabajo directo a 32 mil 200 tlaxcaltecas, según información extraída de *Breve historia de Tlaxcala,* de Antonio Rendón Garcini, editado por el Fondo de Cultura Económica en 1996.

La misma fuente señala que a inicios de 1940, Tlaxcala contaba con 224 mil 063 habitantes. Las políticas desarrollistas –en particular durante el sexenio de Luis Echeverría– y las estrategias de los gobernadores de la entidad trajeron como un fenómeno aparejado la duplicación de la población en el estado.

El censo de 1980 del Instituto Nacional de Estadística, Geografía e Informática (INEGI), señala que en ese año Tlaxcala tenía una población de 556 mil 995 personas, con un ligero predominio de mujeres (279 mil 121) sobre los hombres (277 mil 476). En ese entonces la entidad estaba dividida en 44 municipios. Hoy son 60.

¿Padrote yo?

La crisis económica de los años ochenta también quedó plasmada en el carnaval de Tenancingo. Sindicatos y patrones entraron en conflicto. No hubo forma de salvar las diferencias y decenas de fábricas y negocios cerraron. Cientos de hombres se quedaron sin empleo y sin alternativas proporcionadas por el gobierno estatal o federal para afrontar la situación.

Desaparece así esta dicotomía patrón-obrero y con ella, en el ámbito cultural, la figura del patrón, que en las fiestas de carnaval está representado por el capataz que antiguamente iba por las calles en busca de los toreros.

Charros y patrones han dejado de existir, solamente quedan los toreros, quienes tras ser históricamente sobajados y reprimidos, casi de la noche a la mañana se convierten en patrones, no le rinden cuentas a nadie y pueden decidir qué camino tomarán las cosas en adelante.

Ese es el papel que representa el proxeneta, él es el mánager, el que domina y tiene el control sobre las mujeres; ya no obedece a un patrón. La relación de dominio ha desaparecido.

Cada mujer, joven o madura, que trabaje para un padrote como este espera que lo haga, deberá tener relaciones sexuales con 35 o 40 hombres al día. Si por cada coito cobra aproximadamente 200 pesos, el padrote ganará en promedio siete mil pesos diarios.

La economía de Tenancingo se sustenta en el uso de la violencia, en el control de los cuerpos femeninos. Pero para llegar a ello, primero debió haber una reorganización social.

Los padrotes han encontrado, a través de la trata de personas, una industria ilegal de la que obtienen ganancias y por ello recurren incluso al secuestro de sus víctimas, para mantener el estatus económico que han alcanzado, de forma similar al modo en que operan los cárteles del narcotráfico.

La gente, al saber que puede obtener dinero dedicándose al oficio de padrote, imita dicha conducta y es entonces cuando el trabajo se legitima. Cuando esta práctica es aceptada por la familia y la sociedad, el negocio se consolida.

Se trata de un reacomodo, no de una ruptura, porque en paralelo a la práctica del proxeneta, la organización social, los símbolos y los valores se modifican. La poligamia del padrote cambia la estructura tradicional monogámica, dentro del seno familiar, y ello deriva en la transformación de los valores de la comunidad.

En este punto el fenómeno del proxeneta en Tenancingo da un giro delicado. Tras salir de las sombras y legitimarse ante la sociedad local en medio de una crisis de desempleo, el padrote —a fuerza de complicidades e imitación— escala posiciones que lo llevan a relacionarse con políticos y puede aspirar a cargos de elección popular.

Así ascienden los padrotes en el entramado social de la comunidad, una vez que se sienten consolidados, aceptados y reconocidos. El proxeneta no pierde tiempo y busca posicionarse no sólo para seguir controlando la prostitución en y desde su pueblo, sino para blindarse y mantenerse impune. Los padrotes son los mayordomos de las fiestas, se convierten en fiscales o en servidores públicos.

Hijas de padrote

¿Qué ocurre con las mujeres, las esposas, hermanas e hijas de los padrotes en Tenancingo? Sucede todo. Ellas son víctimas y victimarias, cómplices, copartícipes y legitimadoras de todo lo que sus parejas, padres, tíos y hermanos hacen dentro y fuera de la comunidad.

Un mito que se disolvió gracias a la evolución del proxenetismo es que las mujeres de los padrotes son intocables. No es así.

Romano comenta que al principio se sabía que el padrote no tocaba a las mujeres de la comunidad, solamente buscaba enganchar a quienes vivían fuera de Tlaxcala para llevarlas y forzarlas a trabajar.

«Ahora se dice que dentro de las propias familias, con la aceptación de este oficio, las niñas de la comunidad, de 12 o 13 años de edad, hablan en sus charlas de ocio de con qué padrote les gustaría trabajar, y obviamente los adolescentes de esa misma edad desean ser padrotes. El oficio se naturaliza y se reproduce de forma mecánica».

La práctica diaria de estos nuevos valores éticos y morales es la que legitima esta actividad; ahí es donde se naturaliza todo y el ritual de los toreros durante el carnaval es un ejemplo de ello.

—¿Las mujeres de Tenancingo se dan cuenta de todo esto o no?

—Es un arma de dos filos. El lenocinio no sólo se ejerce en Tenancingo, sino también en otras comunidades alrededor, con población indígenea, como Acxotla del Monte.

Un factor interno que posibilita y potencia el proxenetismo es la estructura patriarcal, la dominación del hombre en la familia, hecho que también se suscita en muchas sociedades y comunidades, incluidas las urbanas.

Romano explica que para que el padrote se legitime y con ello se generen cambios culturales en la convivencia cotidiana intercomunitaria y con otros pueblos, debe existir un proceso de desvalorización de las mujeres como sujetos sociales.

Hay un desajuste, señala, un cambio en el que tras aceptar a las mujeres con todos sus roles, tradicionales y no tradicionales, se les comienza a considerar como un objeto de mercancía. Es entonces cuando surge y se incrementa la violencia, incluida la de tipo sexual.

Así, en este penoso y doloroso proceso, las mujeres en la familia del proxeneta pierden valor paulatinamente.

La violencia, dice Romano, sirve para que el padrote someta la voluntad de las víctimas, así les inculca que no poseen valor moral dentro la comunidad, sino que están destinadas al comercio sexual. En ese proceso la violencia se recrudece. Los testimonios al respecto son desgarradores.

En Acxotla del Monte, por ejemplo, hay mujeres que narran cómo durante su reclutamiento eran sometidas a golpes, sobre todo las fuereñas, que llegaban engañadas, secuestradas o enamoradas. Cuando reaccionaban, pretendían escapar de esa dinámica y eran violentadas también de manera psicológica.

Pero ahora, relata Romano, los padrotes no las golpean, tienen hijos bastardos con ellas, y estos sirven para engancharlas. Así, cuando una se niega a prostituirse, el padrote arremete contra el hijo y lo golpean violentamente enfrente de ellas.

Entonces se presenta un problema mayor: la violencia ya no es un recurso porque las mujeres han terminado por asumir la prostitución como parte de su destino.

Sólo para hombres

El crisol de todos estos elementos es el carnaval de Tenancingo. El colorido del vestuario y los plumajes, la música de banda y las máscaras de madera finamente tallada dan paso, en cuestión de horas, al carnaval de la violencia, con sus amenazas, sus cuartazos y retos abiertos, los golpes y el alcohol.

Se trata de un fresco muy definido de la gestación del fenómeno del padrote y su irrupción en una sociedad que no acaba de modernizarse, que carga a cuestas un rezago industrial y educativo, y que ahora es referencia obligada al hablar de la trata de personas, del abuso sexual, del machismo, del lenocinio protegido, del proxenetismo como forma de ascenso social en medio del atraso ancestral, del padrote como triste y lacerante modelo a seguir.

El objetivo ya no es burlarse de las costumbres de occidente, de las formas de ser y de la vestimenta de los patrones, de los capataces. La batalla campal que se escenifica en Tenancingo, adonde tradicionalmente la violencia se ejerce sobre las mujeres, es el marco en el que sólo los hombres del pueblo pueden consolidar su imagen y mantenerse al mando en un ritual de caos y prepotencia.

¿Por qué en un carnaval? ¿Por qué en público, en las calles y plazas del lugar? ¿Qué se quiere demostrar?

La respuesta es contundente: los padrotes y sus seguidores protagonizan una batalla con la que buscan y consiguen atraer la atención, el aliento y la admiración de todos; de las mujeres (esposas, novias, concubinas, madres, hermanas, primas, amigas), de los amigos, de los familiares (padres, hijos, hermanos, primos, sobrinos), de los rivales y curiosos, de las autoridades (que ya sabrán qué camada, familia o sección es la más fuerte y organizada para lo que surja) que entre latigazo y latigazo terminarán por legitimar y validar la fiesta de los proxenetas, la sumisión de las mujeres, la disolución de los valores, el carnaval de la violencia.

¡Ya llegó su pesadilla!

Los toreros se buscan en las calles para partirse la madre. En el segundo día del carnaval, las camadas de las cinco secciones de Tenancingo se reunen en pequeños grupos afuera de las casas de los jefes y coordinadores. Se saludan, se reconocen, lucen sus máscaras de luchador, ajustan sus ropas. Alguien invita al resto a beber y para ello saca una botella y vasos.

Los toreros se dan valor conforme avanza la mañana. Mientan madres y amenazan a sus rivales y enemigos de otras secciones. Todo lo hacen frente a cámaras de video portátiles que al final del día se convertirán en armas adicionales a la cuarta, al látigo de fibra de maguey. Las imágenes filmadas determinarán cuántas piernas y muslos abren a chingadazos.

Con las camaritas que caben en una mano, los padrotes y sus aliados van a documentar en Youtube las estridencias del carnaval, su marcha por las calles y las avenidas de Tenancingo hasta el encuentro principal que se dará en la plaza del Ayuntamiento, donde desembocan 5 de Mayo, Constitución, 16 de Septiembre y Reforma.

El lente muestra una parte de la calle 2 Sur, en la Segunda Sección. Otra camarita enfoca al camarógrafo que les pide a los toreros vestidos de verde fosforescente voltear para la toma. «¡Aquí la Segunda rifa cabrones, y esos putos de la Cuarta no se la van a acabar hoy!» [*sic*]. Grita el personaje que sobre una máscara de luchador negra con bordes dorados, al estilo de las que usaba el Rey Misterio, porta lentes oscuros para el sol.

Uno a uno, los toreros verdes beben un par de tragos de un líquido que transportan en una botella de plástico transparente. Hacen un par de giros, luego una caravana, ajustan el mando de la cuarta que llevan siempre preparada y lanzan un grito agudo al tiempo que *rafaguean* el aire con el látigo para pegarle en las piernas a un rival sin cuerpo.

Voltean a ver la cámara, se acomodan las máscaras y mientan madres de nuevo. Al fondo, de alguna parte, sale la voz de Lupe Ochoa, cantante de narcocorridos que con voz rasposa y mal entonado suelta las coplas de *El Padrote*, una de las pocas canciones que sobre el tema se pueden escuchar en internet.

Me dicen a mí el padrote, porque yo tengo mujeres
Que me cumplen mis antojos y me dan muchos placeres
Me traen en carro del año, paseando yo a mis quereres
Mucha gente me critica, dicen que soy mantenido
A fuerza yo no las tengo, oigan bien lo que yo les digo
El muñeco también cuesta y es lo que les brindo
Gordas, flacas, chaparras, altas y hasta viejitas
A mí eso no me importa, se me hacen todas bonitas
Y a la hora de la hora, nomás tuercen la boquita
No presumo de galán, tampoco de estar carita

Pero compa a mí me sobra, lo que ellas necesitan
Cuando vienen a mirarme se van rete contentitas
Ya déjense de doctores y también de consejeros
Pa' remediar matrimonios pos yo soy el mero mero
Tráiganme a sus mujeres, de volada las arreglo
Me dicen a mí el padrote, también me dicen el pimp
Ya me despido de ustedes, a unas citas tengo que ir
Pues me esperan muchas viejas y ni modo, hay que ir

Ya se reunieron bastantes toreros en la Segunda Sección. En las otras cuatro, la gente está más que lista para salir hacia el centro de Tenancingo y chocar con otras camadas, como las de Los Elegantes, Los Guasones, Los Diablos, Los Capos de la Cero.

Avanzan y el eco en las calles, casi siempre vacías, ayuda a que los gritos y las mentadas suenen más fuertes y amenazadoras.

«¡Así, así, dale al de verde, ábrelos, ábrelos! ¡Ya llegó la segunda, pura segunda putooooos!» [*sic*].

«¡Tírenle diablos, tírenle, así putooos, abajo! ¡A ese güey! ¡Tírale en su panza, tírale en su pinche panzota!» [*sic*].

Un hombre de una camada de varones vestidos con trajes grises brillantes se quita la máscara gris y plata, la lanza a uno de sus compañeros y se le abalanza a un guasón vestido de verde mientras le grita: «¡Órale cabrón, tírele a ver si tan cabrón! ¡Órale güey, tírele con huevos puto!» [*sic*].

Y retador, como kamikaze, ondea su cuarta frente a varios guasones que se repliegan, mientras en la explanada que está frente a la iglesia ya se forman otras escaramuzas tan cercanas una de otra, que los «huehues» deben buscar espacio para cargar y herir a sus contrincantes con sus cuartas repletas de metal.

En el contexto del carnaval de Tenancingo, el término «huehue», que proviene del náhuatl y se refiere a los ancianos, se utiliza como «mofa». El antropólogo Ricardo Romano Garrido explica que quienes se caracterizan como «huehues» lo hacen para desafiar a las autoridades locales, que anteriormente eran representadas por los adultos mayores.

Atrás, al fondo de la escena, centenares de curiosos saturan las azoteas de la plaza, cuelgan de tejados, se arremolinan en ventanales para ver el campo de batalla en que se ha convertido el Ayuntamiento de Tenancingo.

Es la tercera o cuarta cuadrilla de toreros que chocan en el día, muchos están cansados, con los uniformes de sus camadas ya fuera de sitio, algunos rasgados y otros apenas presentables. No hay forma de evadir el combate, porque al llevar uniforme el varón se convierte en blanco móvil para cualquier otra camada.

Los que no le entran a los cuartazos se quedan en la periferia de las escaramuzas, con la cuarta enrollada en las manos, pero igual sienten el rigor de un *diablo*, un *guasón* o un *capo* que los sorprende por detrás y les zumba el latigazo para retarlos a otra ronda de madrazos hasta que la piel se abra y uno de los dos se rinda pronunciando un lastimero «ya estuvo».

Empapados en sudor y en alcohol, *demonios* de todos los colores y formas posibles e imposibles toman las calles de Tenancingo para imponer su hombría y pasearla uniformada en diseños chillantes, con trajes y máscaras hechos especialmente para la ocasión y que los identifican y diferencian de las otras secciones rivales.

En disfraces y en los nombres de las camadas está permitido casi todo. Para el carnaval de 2014, una de las camadas del municipio de Contla molestó a las autoridades locales y a las que dirigen las políticas culturales de Tlaxcala, porque se bautizaron a sí mismos como Camada Centro Padrotes.

La secretaria de Desarrollo Económico y Turismo (Setyde) de Tlaxcala, Adriana Moreno Durán, dijo que el gobierno del estado no aprobaba nombres de camadas de huehues que hicieran apología del delito.

Sin embargo, el carnaval se realizó sin ningún contratiempo y con la presentación de la Camada Centro Padrotes, integrada de manera tradicional por treinta hombres y treinta mujeres, sin que hubiera violencia o enfrentamientos, sólo el despliegue musical y las coreografías ejecutadas por los participantes.

Pero en Tenancingo la vida es otra. Sus calles endurecidas por el sol, polvosas, semidesiertas, esperan la llegada del carnaval, de las fiestas carnestolendas para liberar a los demonios que someterán a la autoridad y celebrarán su libre albedrío durante tres, cuatro o cinco días.

Enmascarados, vestidos y armados para la ocasión, se buscarán y se golpearán hasta el límite. Revolverán la tierra a cuartazos para ganar espacio en las calles de Tenancingo, mientras se reorganizan y sacan fuerzas del alcohol y de la hombría para agredirse de nuevo hasta que en el desorden de los duelos individuales no haya uno, sino muchos vencedores.

Charros, toreros y vasarios

Además de la presentación de las camadas, en la noche se queman toritos elaborados de material pirotécnico, aportados por cada una de las secciones. Cada cuadrilla o camada está integrada por 30 charros y el cuadro está conformado por diez hombres llamados vasarios e igual cantidad de mujeres; además de la orquesta. Las piezas que se bailan son *1ª, 2ª, El canto de la muñeca, 5 de mayo, El jarabe inglés* y *La culebra*.

Durante la danza, los participantes se mueven formando una figura cuadrangular una vez que arriban a la plaza principal. En las calles aledañas, desde donde inician el ritual, avanzan en fila: las mujeres en el centro y los varones en las orillas.

Los charros portan sombrero con macetón y plumas de avestruz, capa o paño con rosas y águilas bordadas con hilo vela y lentejuela, chaparreras, cueros, cuarta, camisa blanca, chaleco, corbata de cualquier color y pantalón y zapatos negros.

Los vasarios visten sombrero carrete, sostenido en la espalda gracias a una base de madera, con dos plumas, listones atravesados en el pecho, sonaja, pantalón y zapato de cualquier color, chaleco y careta. Las mujeres usan vestido rosa o guinda, sombreros con dos plumas y zapatos que combinan con el color del vestido.

El traje carnavalesco es lujoso, está integrado por una capa de manta bordada en cruz con chaquira, sombrero de charro con plumas de avestruz, chicotes y máscara de madera tallada y policromada.

En este desfile de colores todos están incluidos, los padrotes, sus familias, los vecinos y, algunas veces, sus mujeres. Ellas son presionadas para sonreír durante todo el evento, a caminar erguidas y a no mirar a ningún otro hombre bajo la amenaza de «romperles la madre».

Las mujeres en el carnaval

Justo frente al atrio de la iglesia de San Miguel Arcángel se instala cada año el puesto de máscaras.

Desde hace un lustro, doña Alejandra llega a las cinco de la mañana del domingo de carnaval y entre ella, su esposo y sus dos niñas colocan su mercancía en un espacio de tres metros cuadrados en la banqueta.

Una hora después, a las seis de la mañana, la malla metálica que circunda el puesto se convierte en un escaparate multicolor.

Sobre moldes con figura de rostro humano, el diablo, la calavera, el lobo, luchadores famosos y modelos exclusivos de Alejandra y su familia, esperan a los lugareños para cubrir sus semblantes antes de empezar el ritual típico y único de Tenancingo: el enfrentamiento a cuartazos protagonizado por los toreros.

Entre las ocho y las nueve de la mañana del domingo, el ambiente se torna tenso ante el silbido de los fuetes que con fuerza revientan el aire y chocan contra el cuerpo de sus contrincantes hasta rayar el pavimento.

En torno a los toreros, las mujeres de Tenancingo y las que no son oriundas de ahí se arremolinan adheridas a las paredes de la única plaza del pueblo. Aproximadamente trescientos metros cuadrados conforman la plancha de asfalto que en días comunes alberga unos cuantos puestos de fritangas y artesanías locales.

La plazoleta, ubicada frente al Palacio Municipal, es el escenario por excelencia de los rituales de la fiesta del carnaval.

Las mujeres son las acompañantes. Ellas limpian el sudor o la sangre derramada por sus toreros, los integrantes de la camada que representan a la sección o colonia a la que pertenecen.

Sólo se mueven para arengar o festejar a sus hombres. Entre ellas están las madres, las hermanas, las tías, las abuelas, las hijas y también las víctimas a las que explotan, sus sexoservidoras, que se distinguen del resto por sus atuendos y su apariencia: ropa entallada, pantalones de mezclilla o falda y blusa de licra de colores chillantes, tacones muy altos y maquillaje exagerado.

Ellas, con sus rostros tímidos, no se retiran del lugar hasta que alguien lo ordena. Durante los más de treinta minutos que duran los cuartazos, permanecen con la mirada fija en el suelo y por momentos se estremecen ante el rugido de los latigazos.

Los padrotes, hoy disfrazados con trajes de toreros —sacos o capas de colores brillantes, pantalones que hacen juego con la indumentaria, y zapatos estilo pachuco— trasladan a sus mujeres de los lugares en donde las obligan a prostituirse para exhibirlas. Así los demás, con quienes comparten el oficio, las verán y las envidiarán.

Al pasearlas y al hacer uso de la fuerza de sus cuartas, demuestran quién es el más viril. Eso es lo que los padrotes de Tenancingo se disputan en las primeras horas del domingo de carnaval: el mote, el poder y el respeto de sus oponentes durante todo el año.

A las nueve y media de la mañana terminan los cuartazos. El triunfador camina orgulloso rodeado de su camada y sus mujeres. Los otros, quienes recibieron más latigazos, simplemente recogen sus cosas y se marchan.

A partir de ese momento y hasta el mediodía, ya sin máscaras, pero aún portando el traje multicolor diseñado ex profeso para esa ocasión, los hombres del pueblo se reúnen para beber. Se comparten los detalles de las anécdotas vividas durante los preparativos del carnaval y de lo acontecido en la fiesta de los cuartazos.

Junto a ellos, con la cabeza agachada y cuidando a los niños, están las abuelas, las niñas y sus mujeres, a quienes mandan a comprar más cerveza o a quienes usan para recargarse durante la plática.

Así lucen las calles de Tenancingo entre las nueve y media de la mañana y las doce del mediodía, hasta que los integrantes de las camadas arriban provenientes de sus secciones y de La Colonia. A ritmo de banda, grupos de hombres y mujeres se reúnen en las calles aledañas a la plazoleta para afinar los últimos pasos antes de empezar el recorrido con rumbo al escenario principal de la danza.

Un hombre de pelo negro, complexión delgada, como de un metro y sesenta centímetros de estatura, con el ceño fruncido, abraza una muñeca rubia, la sostiene con fuerza y no permite que nadie la toque, dice que se la entregará a «la elegida» en el momento preciso.

Una decena de jovencitas ataviadas con vestidos en distintos tonos de azul se arreglan entre ellas los aretes y el collar, cuidan hasta el más mínimo detalle. El atuendo de las diez es idéntico, hecho sobre pedido. Sus zapatos plateados ostentan piedras brillantes en la parte del empeine. Los accesorios que acompañan el vestuario lanzan destellos frente a la luz del sol. El faldón, confeccionado de holanes, tiene bordada una que otra lentejuela.

La gente del pueblo rodea a los danzantes mientras el sudor humedece los trajes de los varones y amenaza con arruinar el excesivo maquillaje de las mujeres, cuyos rostros y cuerpos reflejan no más de 20 años de edad.

Una de las bailarinas le pregunta a un joven vestido con traje tipo sastre, del mismo color que los vestidos de sus compañeras de baile: «Oye ¿me quieres?» Él, de unos 17 años de edad, la mira molesto y le responde: «Neta ¿quieres que te conteste eso ahorita? Concéntrate en el baile, no la vayas a regar y el padrino nos va a regañar a los dos». Ella inclina la cabeza hacia abajo y se suma al grupo de jovencitas que representan a la Primera sección de Tenancingo.

El proceso de afinación de los instrumentos de los músicos atrae a más gente. El hombre que abraza la muñeca y otro, al que llaman El padrino, quien enfundado en un traje de terciopelo grueso luce gotas de sudor en el rostro —provocadas por los 27 grados de temperatura que calientan el centro del pueblo– dan las instrucciones para que todos ocupen su lugar. Ha llegado la hora de iniciar el desfile hacia el escenario.

Todos se acomodan: las diez jovencitas se posicionan en el centro, los muchachos que las acompañan –también diez– se colocan en los costados. Sólo una de ellas queda en medio de todos y enfrente. Ella es «la elegida», la que cargará a la muñeca durante las dos horas que se prolonga el ritual de *El canto de la muñeca*.

Al compás de la música ejecutan una danza de pasos suaves pero muy marcados, lo mismo hacen ambos sexos. Sólo la joven que lleva consigo la muñeca se desplaza un poco más, realiza giros de 360 grados y eleva el juguete por arriba de su cabeza.

Los padrinos caminan a la par de su camada. «¿Qué representa la muñeca en esta danza?», le pregunto a uno de ellos. El hombre de traje de terciopelo entrecierra los ojos y me ve fijamente. Regresa la mirada al ritual y sin observar a su interlocutora responde: «Es una tradición del pueblo. Es como si fuera una diosa a la que hay que celebrar para que nos ayude con la cosecha». Ahí concluye la explicación. El padrino se adelanta para continuar al frente de su grupo.

Los acordes musicales se apoderan de las calles hasta llegar a la plaza principal. El calor no cede y eso se refleja en los trajes y en los rostros de los participantes. A ellos, los de la Primera sección, les tocó intervenir en la hora más inclemente del sol. Los siguientes, los de las secciones Segunda, Tercera y Cuarta, así como los de la única colonia del pueblo, bailarán bajo otras condiciones climáticas.

Los antropólogos locales describen este ritual como la mezcla del sincretismo católico e indígena. La muñeca, según el doctor en antropología social, Ricardo Romano, se asemeja al niño Dios, por ello al final del baile todos los presentes que deseen hacerle una petición especial, se acercan y le besan la cabeza como señal de respeto.

De acuerdo con las tradiciones del pueblo, en ese ritual sólo participan las mujeres más jóvenes, las casaderas. Es una forma de presentarlas ante los hombres solteros para que las elijan. Todas, formadas para el baile, lucen físicamente muy parecidas: de complexión delgada, de un metro y sesenta centímetros como estatura máxima, usan tacones de siete centímetros, tienen tez morena y facciones no muy afinadas.

Algunas, las menos, sonríen al paso de la gente; las demás se ven, además de abochornadas, concentradas en su baile. No miran a nadie a los ojos. Por momentos se ajustan el vestido *strapless* que amenaza con caerse.

—¿Qué edades tienen estas jovencitas? —le pregunto a una señora que vende cocteles de fruta, cervezas preparadas y agua embotellada, a unos pasos de la danza.

—Pues tendrán entre 13 y 20 años de edad, cuando mucho. Las presentan en el baile para luego casarlas. Así es la cosa por acá. Algunas sí se casan luego, otras no. Pero dicen que para eso las traen al baile, quién sabe. Pregúntele a los padrinos, ellos son los organizadores. A ellos hasta dinero les da el municipio para que las arreglen así de bonitas. Dicen que este año les dieron 90 mil pesos para los vestidos y para pagar a los músicos.

En el contexto actual de Tenancingo, ese ritual se hace con el objetivo de mostrar y ofrecer los cuerpos femeninos, cuyos vestidos dejan apreciar las piernas y los hombros desnudos. Es entonces cuando los hombres del pueblo proceden al cortejo.

Los movimientos de las jóvenes son acompasados, rítmicos, seductores, dicen algunos que las observan. «Todas se ven bonitas, pero esa, la más flaquita, esa es la que me gusta más».

Y así cada año en la fiesta del carnaval, los padrotes se disputan el poder territorial de Tenancingo. Las mujeres aguardan agazapadas en sus casas o detrás de la cámara capturando las osadías de sus hombres mientras ellos tratan de demostrar quién manda en ese pueblo. El ganador es casi siempre el que soporta más latigazos.

El carnaval se realiza entre el segundo y tercer mes del año, pero la violencia se manifiesta durante 365 días continuos, sólo que su máxima expresión se da cuando los padrotes exhiben su fuerza y su poder a latigazos. El resto del año las receptoras de esa carga de agresión son las mujeres que los rodean, sus madres, sus hijas, sus hermanas, pero principalmente, aquellas a las que consideran sus esclavas, quienes trabajan para ellos en el sexoservicio y a las que día a día exigen devoción y entrega.

3

Escuela de padrotes

Falta una semana para el 26 de septiembre y en Tenancingo ya está casi todo listo para la fiesta de San Miguel Arcángel. En la iglesia del santo patrono trabajan a marchas forzadas para retocar la imagen del festejado antes de que recorra las calles del pueblo que lo venera. Es la celebración más grande del pueblo, seguida del Carnaval de los Charros de Tenancingo.

A espaldas de la iglesia de San Miguel Arcángel hay una lona colgada de poste a poste que invita a la celebración. La fiesta empieza a las ocho de la noche con el espectáculo de la banda Nueva generación. Los artistas estelares de la noche serán la Sonora Dinamita y el comediante Jaime Rubiel, anunciado como el consentido de Televisa.

—¿Quiénes vienen a la feria?

—Ah, pos todos nuestros muchachos. ¡Uy! vienen desde Nueva York, y muchas partes de Estados Unidos, de Tijuana, de Guadalajara, de Guanajuato, de todos lados donde andan trabajando se vienen para la fiesta. Aquí los estamos esperando con mucho gusto. Se pone bonito cuando llegan todos [sic].

Rigoberta es dueña de la mercería «La Lupita» que está en la calle 5 de Mayo, en la primera sección de Tenancingo. Tiene tres hijos varones y dos muchachas. Ellos viajan constantemente y ellas ya se casaron y viven con sus esposos, que también van y vienen al pueblo «por cuestiones de trabajo», justifican las tres mujeres de la familia.

Hace dos años que ya querían cerrar la mercería porque les iba muy mal pero las vecinas de Rigoberta dicen que ahora ella y sus hijas andan en camioneta y abastecieron la tienda con mucha mercancía.

La mercería ya no tenía ni hilos de colores y ahora venden regalos finos y ropa de marca que sus hijos y yernos le traen a Rigoberta de Estados Unidos o de la frontera. Además presta dinero pero con intereses altos, cuenta Carmen, una vecina que confiesa temerle a todos los integrantes de la familia.

Uno de los yernos de Rigoberta proviene de una familia oriunda de Tenancingo. Los Flores fueron sindicalistas en los setenta. Eran aguerridos, dicen quienes los conocieron.

«Aprendieron a pelear, a arrebatar, a transar. Son muy conocidos por acá por bravos y entrones. Les gusta arreglar las cosas a madrazos, así han sido siempre. Eso les enseñaron los más grandes de su familia. Son los que se disputaron los cargos del sindicato a golpes hasta que quedaron en la calle y tuvieron que buscar un oficio para sobrevivir», relata Carmen.

El abuelo de los Flores formó parte de los grupos de sindicalistas que se enfrentaban a los patrones para que respetaran sus derechos en la fábrica textil. Era muy joven entonces y tenía una familia que mantener. Cuando lo despidieron tuvo que emigrar a la ciudad de México en busca de empleo y dicen que fue de los primeros padrotes de Tenancingo.

Hoy sus dos hijos tienen aproximadamente cincuenta años, pero sus cinco nietos decidieron desde la primaria que, al igual que su padre y abuelo, se dedicarían al oficio de padrote. Así crecieron y así han compartido sus conocimientos en el oficio de padrotear a otros jóvenes de la comunidad, como a uno de los hijos de Rigoberta, quien involucró a sus dos hermanos con el argumento de que ya estaba cansado de ser pobre y esa era su oportunidad de obtener dinero sin tener que esforzarse mucho. «Sólo hay que ponerse bien abusado con las pinches viejas» [sic], les insiste su maestro, Benjamín Flores.

Mientras en la iglesia continúan con los retoques de las puertas y la pintura de la fachada, Rigoberta espera ansiosa a sus hijos, que son los padrinos de la fiesta. Este año les fue tan bien en la venta de mujeres, que le pudieron donar buenas limosnas al sacerdote de San Miguel Arcángel para que reparara el templo y alistara todo para la celebración.

Entre los habitantes se sabe que casi siempre hay uno o dos muertitos en el festejo de San Miguel Arcángel, aunque ningún periódico reporta eso para evitar problemas, dice Faustino, un hombre de 80 años, originario de Tenancingo, igual que sus padres y abuelos que, en los días de la feria y del carnaval, prefiere guardarse en su casa para evitar problemas.

Los primeros padrotes

Acá muchos hombres piensan y actúan como si las mujeres fueran un objeto, pero eso no es de ahora, desde que yo era joven se les empezó a faltar al respeto, evoca Faustino, quien proviene de una familia de campesinos que, a causa de la llegada de las fábricas a la región, abandonaron el campo y por años trabajaron como obreros.

Aprieta los labios una y otra vez mientras recuerda sus vivencias en los años setenta, cuando los líderes sindicales rompieron con los patrones.

Fue un tiempo muy difícil. Mi papá, mis hermanos y yo nos quedamos sin trabajo, igual que mucha gente del pueblo —prosigue con su testimonio—, fueron momentos de hambre y desesperación, pero eso no justifica lo que hicieron Miguel Reyes, los Sánchez Calderón, los Medina y otros que se fueron a la ciudad de México y aprendieron a vender a las mujeres, hasta a las propias, para conseguir dinero, en lugar de ganárselo de manera honrada.

Es 18 de octubre, es una tarde lluviosa. Los accesos a la ciudad de Tlaxcala están cerrados por el paso de la carrera Panamericana, eso le complica el día a Faustino porque debe regresar temprano a Tenancingo para acudir a la celebración del novenario de doña María. Él prefiere no hablar de los padrotes y sus familias estando en Tenancingo porque teme por su vida, por eso se traslada a la capital para contar lo que ve y escucha en la tierra de los padrotes. Ha sido víctima de dos atentados por pedirle a los proxenetas y a sus familias que dejen ese camino de maldad y atiendan los mandatos de Jesús.

Hace años que él va de casa en casa rezando rosarios a los difuntos del pueblo.

—Yo no cobro por encaminar a los muertos al descanso eterno, pero cuando voy a las casas adonde sé que se dedican a la venta de mujeres, siempre les digo durante el sermón que lo que hacen está mal, causa mucho sufrimiento y los va a condenar al infierno. Les insisto en que pidan perdón antes de que sea demasiado tarde. Trato de que mis palabras les lleguen a hombres y mujeres, porque son familias enteras las que viven de eso.

Su rostro evidencia las huellas de muchos años de trabajo. En la comisura de sus labios se dibujan arrugas que por momentos permiten el asomo de una sonrisa, pero durante la mayoría del tiempo que dura nuestra conversación, su cara denota preocupación y pena.

—Ahí donde he vivido siempre hay vecinos que se dedican a explotar mujeres, a prostituirlas contra su voluntad. Hace unos días escuché los gritos de una muchacha que pedía auxilio. Salté del sillón, adonde estaba medio dormido, y salí corriendo a la puerta para tratar de ayudarla. Cuánto me arrepiento de haber salido, porque el vecino la estaba pateando en la puerta y cuando me vio la metió a la casa agarrándola de los cabellos. No pude hacer nada. Tuve miedo por ella, por mí, por mi familia, si hubiera llamado a la policía, el vecino sabría que fui yo y luego la iba a agarrar contra nosotros. Después vi a la joven salir de la casa con la cabeza tapada, tomada del brazo del hombre que la había golpeado. Eso pasa todo el tiempo en Tenancingo y nadie hace nada, empezando por los policías que llegan tarde o simplemente no llegan a auxiliar a la gente.

Faustino tiene un molino de maíz. Entre él y su esposa lo trabajan, hacen tortillas y masa para unos cuantos clientes porque tienen una máquina chiquita. Por su trabajo conviven con muchas familias, además de que hace años preparan a los niños para hacer la primera comunión y, en sus ratos libres, recorren el pueblo catequizando, por eso identifican bien a las familias que se dedican a la trata de personas.

Mire, dice mientras le da un sorbo a su té, yo vi a muchos hombres de mi época hacerse de dinero sin trabajar. El Pollo y El Pachuco se fueron a la ciudad de México y regresaron en coches lujosos y muy bien vestidos. Ellos trajeron el mal ejemplo a Tenancingo y parece que en lugar de ir para adelante vamos para atrás, porque cada vez más jóvenes y niños quieren ser padrotes. Aquí el único valor que rifa es el del poder y el dinero. En Tenancingo las mujeres sólo valen por su cuerpo.

¿A qué juegan los niños de Tenancingo?

Javier es maestro. Desde que terminó la carrera magisterial sólo ha impartido clases a alumnos de quinto y sexto grado. Al principio trabajó como profesor en una escuela en Tlaxcala, capital del estado, pero desde hace dos años lo enviaron a la primaria federal Benito Juárez de Tenancingo.

Es un joven de 32 años de edad, mide un metro y sesenta centímetros de estatura, tez morena, delgado. No es muy agraciado, dice él «como la mayoría de los tlaxcaltecas».

Todos los días invierte cuarenta minutos de ida y cuarenta de regreso para ir a su trabajo. Se traslada de la capital al municipio de Tenancingo. Muchas veces ha pedido su cambio de escuela porque, además del tiempo y el dinero que gasta en transportarse en camiones, le da miedo entrar y salir del pueblo.

—La escuela no es muy bonita, es sucia, no tiene mantenimiento, sus patios no son nada cívicos, están muy deteriorados, sus salones no están bien ubicados, son de ladrillos, no tienen pintura, todo está muy descuidado.

Entre dos grandes terrenos con construcciones en obra negra, como abundan en Tenancingo, la escuela Benito Juárez sobrevive a las inclemencias del calor y de las lluvias. Desde hace diez años no recibe mantenimiento.

Con las paredes descarapeladas y la puerta principal deteriorada por la corrosión, los profesores, acompañados por el director de la escuela, reciben todos los días a sus alumnos de primero a sexto grados. Javier sufre cada día que debe llegar a esas instalaciones que le parecen sucias, descuidadas y en las que enfrenta el temor que le infunden los estudiantes y sus padres.

—En general, creo que todas las escuelas de Tenancingo están muy descuidadas. Ahorita, con este nuevo gobierno, empezaron a pintar las bardas, cambiaron algunas ventanas y puertas; pero la verdad es que el primer impacto que tuve fue deprimente.

Frente al palacio de gobierno de Tlaxcala, sentado en una banca del jardín central, Javier se cuida la retaguardia, voltea una y otra vez para estar seguro que nadie más escucha su relato sobre la conducta de las familias de los padrotes dentro del salón de clases.

—Convivir con los niños y con los padres de familia es complicado. En el primer año que estuve allá tuve muchos problemas porque los papás se quedaban toda la clase adentro del salón. No le podía llamar la atención a los niños, ni ponerlos a trabajar y mucho menos dejarles tarea porque se me echaban encima.

Cuando alguien camina por las calles de Tenancingo, cuenta el profesor, ve los rostros de la gente y percibe su agresividad, parece que siempre están listos para lastimar.

—En ese pueblo sí veo que las cosas están muy mal, la gente es muy violenta, en el ambiente se percibe la mala vibra, no se siente bonito ni arropador. Por eso yo siempre ando temeroso y más cuando empecé a escuchar a los niños hablar de sus costumbres.

—¿De qué hablan los niños?

—De sus familias, principalmente, que no estudian, que son analfabetas, pero aún así tienen casas tremendamente grandes. Entonces, ves a sujetos que no das ni un centavo por ellos y traen autos del año, importados, exóticos, de esos que no ves en las agencias de coches en México. Eso a mí me llama mucho la atención y al mismo tiempo me da un poco de temor, porque en esos carros llegan a la escuela a dejar a los niños.

Amira vive a dos cuadras de la escuela Benito Juárez, su papá la lleva todas las mañanas en su auto Nissan deportivo, de color azul metálico y estridente, similar a los que aparecen en la película *Rápido y furioso*.

Entre la escuela y la casa de Amira hay trescientos cincuenta pasos, lo equivalente a siete minutos de distancia. Los vecinos que escuchan el encendido del motor del vehículo saben que tarda más en abrir y cerrar el garage eléctrico de la casa, que el tiempo que dilata en llevar a la niña.

—Un día le pregunté a los niños en qué trabajaba el papá de Amira y para mi sorpresa, los cuatro con los que platicaba sabían perfectamente que el señor era padrote en el Distrito Federal. Nunca lo vi con chicas, siempre lo vi solitario, pero dicen que todos sus negocios estaban allá y él nada más llegaba aquí a dormir.

Amira es una niña muy educada, muy bien vestida, de buenos modales. No es agresiva. Su papá la lleva todos los días a la escuela, pero no se baja del coche. Siempre está acompañada por una señora grande que no es su abuelita, es como su nana, la cuida todo el tiempo. Su mamá casi nunca está en Tenancingo.

Los primos de Amira, que también estudian en la primaria Benito Juárez, dos niños de tez morena, pelo negro lacio y bajitos de estatura, son los informantes de Javier. Emocionados le cuentan a qué se dedican los papás de la niña.

—Otros niños me dicen que los primos de Amira le tienen mucha envidia porque sus papás son campesinos de la región y son muy pobres, por eso chismorrean sobre lo que conocen de la familia de la niña. Hace poco la vi llorando, le pregunté qué le pasaba y me dijo que sus primos andaban diciendo que su mamá vive en la ciudad de México porque es la que cuida a las mujeres que su papá tiene trabajando de prostitutas. Que ella es la que les compra la comida y los vestidos entallados con los que trabajan en las calles. Aunque el papá, como otros padrotes, no emplea a su esposa en el sexoservicio, la utiliza para administrar el negocio.

Javier no supo consolar a la niña porque en toda la escuela se sabe que eso es cierto, que el papá de Amira es padrote y su mamá es quien administra a las mujeres que explotan en el sexo-servicio.

—Siempre he pensado que Amira no se va a dedicar al sexo-servicio. Es muy tranquila. Espero que el ambiente en que está creciendo no la arrastre por ese camino.

Al profesor de quinto año de primaria le preocupa y le asusta lo que ocurre en Tenancingo. Durante diez años de su vida ha impartido clases en diferentes escuelas de Tlaxcala, su estado natal, y nunca había presenciado tanta violencia entre los niños, y tampoco había visto que los alumnos fueran tan groseros e irreverentes con los profesores y las autoridades de la escuela.

—Uno de los niños que más me saca de onda es Raúl. Tiene 12 años, ya tendría que estar en sexto pero como es muy flojo, ha reprobado el curso dos veces. No le gusta esforzarse, ni estudiar, no cumple con las tareas, es agresivo y violento con sus compañeros, principalmente con las niñas. Es una piedra en el zapato durante la clase, me echa a perder a los demás.

Las groserías de Raúl cansan a Javier. Realizó diversas dinámicas para mantener el orden en el salón de clases, hasta que empezó a investigar sobre la familia del niño, antes de pedirles que asistieran a una junta en la escuela.

Algunos colegas profesores le recomendaron que no citara al padre de Raúl porque se podía meter en un problema. En el pueblo es un secreto a voces que el hombre es padrote y es violento y agresivo a tal grado que a la menor provocación desenfunda su pistola y amenaza a medio pueblo.

—Ya no sabía qué hacer. Le dije a Raúl que trajera a su papá a una junta conmigo pero nunca asistió hasta que un día de plano le dije que si no venía acompañado por uno de sus papás ya no iba a entrar a la clase.

Al día siguiente, cuando Javier ingresó al salón, se encontró sentado en una de las butacas de los alumnos a un hombre alto, de más de un metro y ochenta centímetros de estatura, ancho de espalda, de complexión robusta, muy moreno, mal encarado, vestido con jeans y playera tipo polo.

—El hombre se veía muy enojado. Me reclamó que cómo se me había ocurrido sacarlo de trabajar para hablar de tonterías. Yo trataba de empezar a hablar pero me interrumpía. Apenas le pude decir que su hijo se portaba muy mal en la escuela, que era muy violento con sus compañeras y se limitó a contestarme: yo cumplo con las cuotas que me exigen, entonces ustedes dedíquense a educar a mi hijo que para eso les pagan. Haga lo suyo y no me ande sacando de mi trabajo, ni se meta con mi hijo porque le va a pesar. Eso fue lo último que me dijo y salió del salón con fuertes pisadas y azotando la puerta. Ese hombre parecía que bufaba. Pensé que esa reunión iba a terminar peor.

Asustado por las amenazas del papá de Raúl, Javier se fue a la oficina de la directora a pedir consejo y lo que obtuvo fue una respuesta que no se esperaba: «Ese niño está en quinto, aguántate un año y sácalo de la escuela. Apruébalo y sácalo. Porque el papá es peligroso, es muy violento, no se puede hablar con él, para qué nos arriesgamos».

El profesor y sus colegas se dedican a observar la conducta de los niños durante el recreo. Es común que se avienten y se hablen con groserías, principalmente los niños a las niñas, son muy agresivos con ellas. Un día, en la cooperativa estaban formadas varias amiguitas para comprar tacos de canasta, muy famosos en la región, llegó una palomilla de chamacos y les dijeron: «Órale putas, váyanse a la cola que nosotros vamos primero. Apúrenle putas, que traemos hambre» [sic], les gritaron y se formaron hasta adelante.

Los maestros esperaron que las niñas se defendieran, pero ellas sólo agacharon la cabeza y se formaron al final de la fila como les ordenaron los niños. Fue una escena muy reveladora de lo que ocurre en Tenancingo.

En otra ocasión, en el aula, durante una actividad escolar, el profesor Javier les preguntó a sus alumnos qué querían ser de grandes y Raúl fue el primero en contestar:

—Yo quiero ser padrote.

—¡Ay, caramba! ¿Y qué hace un padrote, a qué se dedica? ¿Sabes lo que significa? Porque yo no sé.

—Uy, maestro, cómo es posible que no sepa lo que hace un padrote, pues un padrote es el que lleva a las mujeres a los lugares esos, a los antros, a los bares adonde ganan mucho dinero.

—Órale, pero ¿por qué quieres ser padrote, quién te enseñó?

—Pues yo veo que mi papá gana mucho dinero, muchísimo dinero, tiene varios carros… tres camionetas, dos son de harto lujo, casas grandotas y muchas viejas. Mire, a mí me da 500 pesos diarios para gastar, ¿usted cada cuándo trae un billete de 500, profesor? Por eso quiero ser padrote. Porque con este dinero me alcanza para mí y para comprarle cosas a mis amigos, que son mis sirvientes.

Entre asustado y tratando de mantener la calma, Javier observaba los rostros de los demás niños ante la respuesta tan directa de Raúl.

—Para mi sorpresa todos lo tomaron muy normal, ni siquiera voltearon a verlo, cada uno siguió en sus asuntos. Después, en la hora del recreo se me acercaron las niñas a platicar ahí en el escritorio y les decía, oigan ¿qué onda con su compañerito?

—No se agüite maestro, su familia se dedica a eso, el papá tiene muchas novias, muchas muchachas en su casa y las lleva de prostitutas a Puebla y a la ciudad de México, es por eso que tienen tanto dinero. Su casa es muy grande, incluso, como su calle era de pura terracería y piedras, él papá de Raúl mandó a poner adoquín. Los vecinos lo quieren porque ellos salen ganando.

—Pero ¿por qué le permiten que sea tan grosero con ustedes, no les molesta lo que les dice? No se defienden cuando pasa junto a ustedes y las empuja o les levanta la falda.

—No nos baja de putas profe, pero así son las cosas por acá. No haga caso. En la calle y en la casa también nos tratan como putas. Ya ni nos agüitamos.

Poco se respeta a las mujeres en Tenancingo, porque ahí es la cuna de los padrotes y ellos son los que mandan, o al menos eso dicen en las calles, en las redes sociales y hasta en los portales de internet institucionales. Hombres y mujeres del pueblo, unos festejan que sean ellos la autoridad máxima y otros se quejan de sus abusos y de la falta de atención de las autoridades del pueblo.

A un costado del kiosko, Rita tiene un pequeño puesto de papas fritas, cada bolsita, con chile y limón, cuesta cinco pesos. Ella se queja de que los padrotes llegan en sus coches lujosos a rondar el jardín, y como los pobladores ya saben que habrá balacera cuando estén ebrios, se asustan y se van a sus casas, entonces la venta se acaba.

—Antes llamábamos a la policía, para ver si los calmaba, pero nunca nos hicieron caso, siempre llegaban cuando ya se iban. Creo que el alcalde y los policías también les tienen miedo o son de los mismos, porque nunca le han puesto orden a sus desmadres.

Es *vox populi* que en la elección pasada varios de los contendientes a la alcaldía provenían de familias de padrotes o ellos eran padrotes. El aspirante del Partido Acción Nacional (PAN) a la alcaldía de Tenancingo en 2010, Arturo Romero, hizo un evento de cierre de campaña al que llevó a las jóvenes que prostituye en la calle de Sullivan, en la ciudad de México.

Fue el último jueves de junio de 2010 cuando el candidato le dijo a sus novias, que eran varias a las que controlaba ejerciendo el sexoservicio en la zona, que ese día no trabajarían en la calle. Las obligó a vestirse igual que siempre, con faldas cortas y entalladas, blusas con pronunciados escotes y tacones altos. Cerca de las diez de la mañana las recogió. Viajaron del Distrito Federal a Tenancingo en sus dos automóviles marca BMW. Iban un poco apretadas, pero bromeaban porque pensaban que ese día descansarían.

Los pobladores se reunieron en el jardín, frente a la iglesia de San Miguel Arcángel, para escuchar el mensaje de Romero, en el que nunca habló ni de la trata de personas ni de los padrotes de Tenancingo. Prometió construir muchas obras para el pueblo y que la prosperidad llegaría a esas tierras.

Cuando fue acusado de ser el candidato padrote, uno de sus contrincantes, José Carmen Rojas, del Partido Revolucionario Institucional (PRI), salió en su defensa. «Yo soy su amigo, fuimos juntos a la primaria y desde chicos nos hemos dedicado a lo mismo, así que si lo acusan a él, nos tendrían que señalar a los siete candidatos porque todos trabajamos en lo mismo».

Uno de los siete gobernó el municipio por tres años, mientras las muchachas que acompañaron a Romero, el candidato panista, en su cierre de campaña, siguieron ejerciendo el sexoservicio en la calle de Sullivan, en la ciudad de México.

Una de ellas, Alejandra, recuerda esa como una fecha muy especial, porque Romero estaba de muy buen humor. No les gritó, como siempre y por nada, no les exigió «la cuenta», los mil 500 pesos que por día le tienen que entregar por los servicios sexuales que prestan. Las llevó en su auto deportivo, les puso música de banda, «fue complaciente como cuando lo conocí, cuando me trajo de mi pueblo como su novia».

El rostro joven de Alejandra se ensombrece. Bebe un sorbo de agua de limón con chía, especialidad de un restaurante ubicado en el centro de la ciudad de México.

«No debería de estar contando todo esto porque si Arturo se entera, me mata, ya me lo ha advertido varias veces, pero ya estoy harta de verlo con una vieja y con otra. Me las planta ahí en mi lugar en Sullivan, me exige que les enseñe y que las vigile. Yo creo que tiene relaciones con ellas, aunque me jura que no, que yo soy la única. Por eso estoy enojada y porque me pega y me deja sin dinero ni para comer.» [sic]

Tras unos minutos de charla, recibe un mensaje en su celular que la hace tomar la decisión de suspender la plática e irse a toda prisa. Sólo acierta a decir: «Muchas de las chavas que estamos en Sullivan somos controladas por padrotes de Tenancingo, eso según la calle en la que trabajemos».

Padrotes 2.0

Empleados de la Secretaría de Turismo del estado de Tlaxcala diseñaron una página en internet a la que llamaron Charros de

Tenancingo. El contenido estaba relacionado con la cultura de la región, sus bailes, costumbres y tradiciones, hasta que el espacio fue descubierto por cibernautas, padrotes, que utilizaron su chat como canal de comunicación.

Con nombres virtuales, iniciaron una conversación reveladora:

Alin
siempre ven de una fofrma horrorosa a los padrotes pero no depende d ellos si no que tambien de las mujeres les gusta la mala vida nadie las obliga [*sic*]

Carlos
Solo los mejores estamos en Estados Unidos 1year eh ir ah Mexico ah quemarar los Dolares en Nuevas NAVES y uno que otro negocio y agarrar otra KUKI para reforzar el ejercito. APRENDAN PENDE-JOS HIJOS DEL COCHO............ [*sic*]

K-chaca
hola solo q si nos dedikmos a prostituir no hay que decirlo ni darlo a saber q solo provokmos q las autoridades se den cuenta d todo esto no sean pendejos y no hay que dar a demostrar de lo q despues vamos a carecer ok y no cer tan fanfarrones x q todos comemos de una mujer cuidence y usen la inteligencia y san miguel arcangel y la santisima muerte nos protejan viva tenancingo locos [*sic*]

Simón
SALUDOS:ah toda la BANDA PADROTERA y porque no,ah los del monton.........pero bueno SALUDOS PARA ACXOTLA DEL MONTE que ya se esta levantando el PUEBLACHO casas PE-RRONAS Y BUENAS NAVES SALUDOS DESDE HUOSTON TX. [*sic*]

En la conversación vía internet, un usuario que se identifica como Óscar, dice:

Pues solo quiero decirles a todos los de Tenancingo que para mi pues mis más sinceros respetos porque ustedes si son la verga y quiero q me ayuden a ser padrote seré el mejor lo prometo pero necesito de su ayuda hay les dejo mi correo para q me contacten y mi teléfono: patito_1_314@hotmail.com y mi tel:0442225488078 adiós amigos [*sic*]

A lo que recibe como respuesta, del perfil de Darío Muñoz:

Solo como comentario.... Es absurdo leer estos comentarios «q quiero ser padrote» ... Mejor pongar a trabajar... para q vean y sientan lo q es ganarce el dinero.... No chingando mujres» [*sic*]

Algunos de los usuarios supuestamente escriben desde Estados Unidos y otros desde las ciudades adonde radican. El espacio virtual es un escaparate en el que defienden su territorio y se asumen como poderosos.

Óscar
Saludos para los padrotes de la 4a. en especial alos de la 6 oriente.. donde las mujeres son felices... aun q muchos digan otras cosas.. solo es envidia. [*sic*]

Johnny
quien como mis paisanos puros chingones de tencingo padrotes perrones los de la cuarta nimodo asi lo quiso dios [*sic*]

RAUL
tlaxcala cuna de la nacion y tambien cuna de la prostitucion arriba san pablo del monte puro padrote en especial para el barrio de santiago [*sic*]

Su santidad
yo tambien soy de ai y me vine de ilegal llevo diez anos en usa y ya soy la verga tengo cuatro pinches gasolineras mobil on de run gracias a mis viejas [*sic*]

El XXX

que tranza banda saludos a toda la bandota de tenayork y arriba la cuarta demonios somos los mejores tanto en viejas como en naves quien como en el barrio pura hummer jajaja arriba la cuarta 100porciento los mejores [*sic*]

En la charla surgen comentarios de usuarias con perfiles femeninos:

Ruby

Sobre los padrotes de Tena, miren no es como lo pintan algunas exageradas, yo estoy feliz con mi padrote y me llevo super bien, mientras ustedes no los engañen y no la caguen las trataran como princesa pues de verdad a muchas de nosotras nos conviene te aseguro que nunca tendrias nada que como con ellos ahi veces que si son malos pero por eso portence bien amigas y seran felices no es nada del otro mundo de eso que lo des de a gratis aprende a sacarle provecho y sean felices con ellos y tontas las que piencen que son malos solo hechenle ganas y seran las efectivas y ganonas [*sic*]

Karito

Yo vicite ese pueblo q aunq tengan csas muy bonitas son dde muy mal gusto aunq tengan dinero lo nacos no se les quita y guapos no son todos son negros chaparros feos y sin clase igual las mujeres sus mamas hermanas hijos algun dia no se cuando pagaran x lo q hacen cuidado x q ya les andan pisando los talones chulitos de mierda aprendan a decorar sus casas nacos! [*sic*]

El gobierno del estado decidió cerrar el sitio para comentarios de los usuarios, aunque en uno de los últimos se lee:

Solo Tenancingo:

hola quisiera pesirles de favor que cuantro entran a esta pagina lo hagan solo para hablar de las tradiciones del carnanval y no de susu saludos estupidos, y otras mas este sitio se hizo para dar a conocer las tradiciones remotas de nuestro pueblo y no para desprestigiarlo como ustedes lo estan haciendo que si los de la primero son mejores que los de la tercera porfavor ya estan grandes como para prestarse a este tipo de comentarios si quieren arreglar susu problemas esta bien pera busquen otro sitio este ya no mas . asi que si no van a escribior nada importante . simplemente ya no escriban mas tonterias . agradeciendo a todos su comprecion y esperando que a si sea ... un saludo a todods los que colaboramos cada años con la organizacion del carnaval de san miguel tenancingo tlaxcala..................................... [*sic*]

El oficio del padrote

En el sótano de la Procuraduría General de la República, ubicada en Paseo de la Reforma, en la ciudad de México, Juan permanece a la espera de que las autoridades definan su futuro. Hace unas horas que lo detuvieron junto con su madre en Tenancingo por el delito de trata de personas, secuestro y otros.

A ella la tienen en otro lugar, pero Juan está en ese sótano frío, solitario, iluminado con luz blanca que encandila, sentado en una silla de fierro, esposado de las manos y de los tobillos.

Apenas se mueve. No levanta la mirada cuando se le pregunta: «¿Sabes por qué estás aquí?».

—Sí.

Dice como única respuesta y sigue con la mirada fija en las losetas cuadradas que forman el piso. Parece asustado. Las manos le tiemblan y no deja de mover los pies que golpean una pata de la silla.

—¿De qué te acusan?

—De prostituir a mi esposa en las calles de Oaxaca y de haberme traído a mi niña a Tenancingo para que la cuidara mi mamá.

—¿Te consideras culpable?

—No, todos en mi pueblo hacen lo mismo y las mujeres están de acuerdo. Eso no es un delito. Yo cuidaba de mi niña junto con mi mamá mientras mi esposa nos mandaba dinero para las cosas de la niña. No entiendo por qué me trajeron aquí y no sé en dónde tienen a mi mamá.

—¿Y tú en qué trabajabas mientras tu esposa estaba en Oaxaca?

—Soy albañil y en eso se gana muy poco, por eso tuve que pedirle a mi esposa que me ayudara con los gastos de la casa y de la niña.

—¿Y por qué en la prostitución?

—Mi tío, el hermano de mi mamá me dijo que eso dejaba buen dinero, más que andar de albañil. Él tiene dos esposas y les va bien. Ellas le enseñaron a mi esposa a atender a los clientes y a cobrar. Ella estuvo de acuerdo. Yo no hice nada malo, ni mi mamá tampoco, sólo cuidamos a nuestra niña.

Óscar Montiel Torres, antropólogo social tlaxcalteca, expone en su tesis de maestría *Trata de personas: padrotes, iniciación y modus operandi*, que los padrotes reconocen que los ya iniciados en el oficio guían y enseñan a los aprendices y les indican las estrategias para enamorar mujeres que luego habrán de convencer para que se dediquen a la prostitución.

El investigador, quien se instaló a vivir en Tenancingo para observar las conductas de los habitantes de este municipio, señala que los padrotes guías son quienes les dan clases sobre el oficio a los iniciados. Les enseñan desde los mecanismos para que acepten trabajar y cómo hacer que las mujeres consideren su cuerpo como mercancía; los lugares adonde «formar» a la mujer para que preste sus servicios sexuales y otros métodos de coacción para que no se escapen y permanezcan bajo su yugo y a su servicio, como esclavas.

En el documento para obtener el título de grado académico, publicado en 2009, advierte que los sujetos dedicados a la explotación sexual de mujeres primero las convencen de que vender su cuerpo es lo mejor para el futuro de ambos. Sólo así podrán alcanzar sus sueños, pero tras la primera experiencia ellas intentan negarse ante lo denigrante que les resulta, por lo que ellos deben ejercer otras formas de presión para que continúen, como los golpes y las amenazas. Las someten a su voluntad con o sin violencia. Las humillan de tal manera que pierden identidad. Mientras que ellos se engrandecen de poder.

La palabra oficio, dice, es un concepto local que usan los padrotes para hablar de las actividades ilícitas que realizan. Para ellos dicho término implica el aprendizaje, la enseñanza de estrategias de reclutamiento, la insensibilización, la adquisición de nuevos parámetros de convivencia, y sentimentales, con las mujeres que prostituyen, así como mecanismos de poder afectivos y físicos respecto del cuerpo.

Los padrotes ya iniciados transmiten el oficio a los neófitos. Se trata de la pedagogía de la explotación. Los maestros enseñan a los aprendices nuevos valores sobre las mujeres que son prostituidas, y los mecanismos de poder para mantenerlas dominadas y para que «trabajen bien y de buen modo», como ellos dicen.

Existen al menos tres modelos diferentes de explotación de las mujeres en Tenancingo, comenta Rodolfo Casillas, investigador de la Facultad Latinoamericana de Ciencias Sociales. Los dos primeros son el consanguíneo y el socializado, que guardan una estrecha relación de negocios entre sí. El tercero es el modelo parásito, que vive de la competencia desleal de los dos primeros.

Casillas comenta que el oficio del padrote comienza en línea consanguínea, de generación en generación. Luego pasa al entorno familiar ampliado: sobrinos, ahijados, primos. En el momento en que el círculo consanguíneo es insuficiente para el crecimiento del negocio se invita a participar a amigos, vecinos, recomendados del pueblo y de otros lugares.

Esta es la manera en que las redes criminales de trata de personas han logrado extenderse dentro del territorio mexicano y a otros países.

La creación de un tejido social que respalda el lenocinio o la trata de mujeres con fines de explotación sexual como forma de sobrevivencia se sustenta en factores culturales, económicos y sociales, asegura Casillas.

Los herederos

En una celda de cuatro por cuatro metros, en el Reclusorio Sur de la ciudad de México, El Moreno cumple una sentencia de 12 años de prisión por el delito de corrupción de menores, lenocinio y otros.

El Moreno, como le dicen en la cárcel a Manuel, fue detenido junto con su primo, a quien apodan El Güero, a éste lo sentenciaron a cinco años, mismos que está a punto de cumplir.

Los dos se dedican a la explotación sexual de mujeres, a ambos los enseñó Jacinto, el papá de El Moreno, quien por años hizo que varias mujeres se prostituyeran para él.

Cuando Jacinto visitaba a su hijo El Moreno le llevaba grandes tortas y mientras se las comía, el padre convivía con otros reclusos.

Le gustaba hablar de su pueblo (Tenancingo) y de sus años de aventura.

—A mi esposa también la metí a trabajar. No sé por qué se espantan tanto de la prostitución. Es una herencia de las mujeres. Ser prostituta es normal en mi pueblo. Allá todas se dedican a eso.

Sentados en las bancas de concreto a pleno rayo del sol, un grupo de presos escuchaban los relatos de los tres padrotes.

El Güero decía que ellos iban a Puebla, a Veracruz, y a veces llegaban hasta Chiapas a comprar mujeres que otros les vendían.

Una de las mujeres que El Güero adquirió en Veracruz ahora supuestamente es su esposa, ya que no han firmado ningún documento legal que así lo acredite. Ella trabaja todos los días en la zona de Buenavista en el sexoservicio, excepto los jueves que procura visitar a su esposo, le lleva dinero y le da detalles de cómo funciona el negocio, porque a ella le tiene encomendadas a otras dos mujeres que trajo de otro pueblo del sureste del país.

Cuando los presos les preguntaban si no sentían celos de que sus esposas tuvieran relaciones sexuales con otros, los tres respondían que no, porque ellas lo hacen con los clientes como parte de la transacción y con ellos, por amor.

Sin arrepentimiento, los primos esperan su salida de la cárcel para regresar a su negocio, en cambio, Jacinto dice que con la vejez dejó de ser atractivo y por eso ahora trabaja en lo que se puede, porque nunca ahorró ni un centavo de los miles que le generaron sus mujeres.

Los tres están orgullosos de que la mayoría de las mujeres que han trabajado para ellos las conquistaron con amor.

—Son pocas las que tenemos que comprar, casi siempre les hablamos bonito y se vienen con nosotros. Hay que aprender a echar verbo —dice El Güero—, nos las venden sus papás en los pueblos muy pobres y a ellas les conviene venirse con nosotros porque allá se mueren de hambre.

Los estudiosos del tema, del Centro Fray Julián de Garcés, revelan que en la organización quien controla el dinero es el padre, mientras que los hijos y sus primos cazan, secuestran y atrapan a sus víctimas.

Adolescentes como Raúl, estudiante de quinto año de la escuela primaria Benito Juárez de Tenancingo, sueñan con ser padrotes y prefieren abandonar la escuela para dedicarse a cortejar mujeres. Sus padres o hermanos mayores los presionan, como parte de su iniciación, para que violen a una o dos jovencitas de su edad, así aprenden a someter y a seducir a sus víctimas.

4

Secuestro de mujeres

«¡Estoy secuestrada!» Decía el papel que Laura guardaba celosamente entre sus senos. Temerosa, lo leía y lo volvía a doblar cada vez que debía sacarlo para atender a un cliente.

Estuvo cuatro horas con el mensaje oculto entre el busto. Cuando un cliente la contrataba se iban al hotel Alfa, en la zona de Sullivan. Ella sacaba el papel y lo guardaba entre la ropa. Al terminar los quince minutos del servicio, se levantaba de la cama y cuidadosamente se lo volvía a esconder entre el pecho. En todos los clientes veía una oportunidad para entregarles el papel, pero sus rostros, o su actitud, o todo, le impedían hacerlo porque sentía desconfianza y miedo de que la delataran con el señor del coche gris que la vigilaba tiempo completo.

El papel se arrugó y se humedeció entre sus senos. Los nervios que le provocaba tenerlo le generaban mucha sudoración. Pero estaba decidida a dárselo esa noche a algún cliente. De todos los días que estuvo planeando la forma en que pediría ayuda, nunca como ese jueves tuvo unos minutos a solas para escribir: «Estoy secuestrada y me obligan a prostituirme, por favor entregue este papel a la policía. Me llamo Laura, tengo 17 años, soy de Tabasco y tengo miedo de lo que me puedan hacer a mí o a mi familia. Mi mamá está muy enferma y al señor que me tiene aquí le dicen Benjamín o El Chaparro. Por favor ayúdenme».

Cerca de las once de la noche un coche negro se estacionó frente a ella. El conductor bajó el vidrio de la puerta del copiloto y le preguntó cuánto cobraba por el sexoservicio. El hombre, de aproximadamente 50 años de edad, de complexión gruesa, piel blanca y voz calmada, le inspiró confianza. Fueron segundos los que tuvo para arrojar el papel al interior del auto y en lugar de indicarle el costo de sus servicios le suplicó ayuda. «Por favor señor, entregue ese papel a la policía. Por favor. Se lo ruego. Usted es mi única oportunidad».

El conductor del automóvil negro, del que Laura desconoce modelo y marca, puso cara de desconcierto, subió el vidrio y arrancó a toda prisa.

El mensaje llegó a su destino. Exigiendo el anonimato, el hombre se presentó en la Fiscalía de Delitos contra la Trata de Personas de la Procuraduría General de Justicia del Distrito Federal para entregar el papel que Laura arrojó adentro de su auto. Describió a la joven que le pidió la ayuda, la dirección adonde ocurrió, la hora y la fecha, y se marchó diciendo que no se quería ver involucrado en nada y que lo único que podía hacer ya lo había hecho.

Ese papel le dio a la policía un elemento más para continuar la búsqueda del sujeto apodado Benjamín o El Chaparro o Irvin, otro de sus alias. Pero el problema era cómo rescatar a Laura, otra de las víctimas de este sujeto que se cambiaba de sobrenombre para cada una de las víctimas que explotaba sexualmente.

Esa denuncia anónima se sumaba a un expediente en proceso de investigación de al menos cinco mujeres jóvenes que fueron secuestradas, violadas y obligadas a prostituirse por la misma persona, quien en realidad se llama Noé Quetzal Méndez Guzmán, de 38 años de edad, originario de Tenancingo, quien además forma parte de la lista de los delincuentes más buscados por la Oficina Federal de Investigación (FBI, por sus siglas en inglés) por los delitos de homicidio, tráfico y trata de personas en territorio estadounidense, y quien actualmente se encuentra preso en el Reclusorio Varonil, ubicado al norte de la ciudad de México, en espera de sentencia.

A Méndez Guzmán y a sus familiares (primos, hermanos y tíos) se les acumulan día con día denuncias y procesos. Sus víctimas lo han identificado como el hombre que las secuestró, violó y las obligó a prostituirse a base de golpizas y amenazas de muerte hacia ellas o hacia sus parientes más cercanos.

Del enamoramiento al secuestro

Karla, Dora, Guille, Juana y decenas de mujeres jóvenes de diversos estados de la República Mexicana relatan que llegaron a la prostitución seducidas, engañadas con promesas que nunca se cumplieron. El sueño de amor se volvió una pesadilla junto al hombre que había prometido cuidarlas y brindarles una vida mucho mejor a la que tenían en sus lugares de origen.

Dora, de 15 años de edad, se subió ilusionada al automóvil de un hombre al que apenas conocía. Dejó atrás su tierra natal, Veracruz, y a su familia para seguir a quien sería su esposo y protector para siempre, según el juramento que él mismo hizo a sus padres para que le dieran permiso de irse sin casarse.

De ojos grandes, cabellera abundante a la altura de los hombros, figura estilizada y tez morena, a Dora la llamaban «Barbi» en la secundaria. Ella cuenta que varios de sus compañeros le habían pedido que fuera su novia, pero no quería perder el tiempo, estaba interesada en terminar sus estudios para dedicarse a la confección de ropa que ella misma modelaría.

De Veracruz a Tenancingo recorrieron cinco horas por carretera. Todavía en el trayecto, mientras Mario manejaba, hacía planes sobre el futuro juntos. A pesar de que apenas se conocían, hablaban de amor y compromiso eterno.

Tres días después, Dora ya no era la misma. Mario la forzó a tener relaciones sexuales en la primera noche a pesar de que había prometido que eso no ocurriría hasta después de la boda. Ya no le hablaba de amor y por muchas horas la dejó encargada con su mamá y sus hermanas, mientras él se fue con primos y amigos a celebrar que estaba comprometido.

Después de una semana, el amor parecía haberse quedado en la carretera de Veracruz a Tenancingo. Mario le dijo que quería cumplirle pero no tenía dinero para la boda, por lo tanto ella tendría que realizar «un trabajo muy especial que deja mucho dinero» y así pronto podrían casarse y formar su propio hogar. Ella tenía que prostituirse, igual que las esposas de sus primos y sus hermanos, porque esa era la única forma que su familia conocía para prosperar. Además, así funcionaba la vida en su pueblo.

Karla, Dora, Guille, Juana y decenas de jovencitas, la mayoría, han pisado la tierra de Tenancingo sólo para descubrir que cayeron en la trampa de un clan de padrotes, dedicados a seducir mujeres, que las convierten en sus esclavas, las obligan a prostituirse hasta 30 veces en una noche, les exigen una suma de dinero por día, y las mantienen engañadas con la idea de que algún día se van a casar, pero para eso hay que construir una casa y un patrimonio. El engaño es tal que en las calles de Tenancingo se pueden ver muchas casas en obra negra, porque los padrotes aseguran a sus mujeres que en tanto la vivienda no tenga todos los acabados, no pueden dejar de dar servicios sexuales.

Mario le dijo en alguna ocasión a Dora: «Mientras la casa no esté terminada no puedes dejar de chingarle porque ni tú ni yo nos merecemos vivir en un cuchitril, ¿o sí?» [sic].

Mario y sus primos aprendieron de sus tíos que a las mujeres hay que enamorarlas antes de prostituirlas, pero Méndez Guzmán, su primo El Conejo, Orlando, Marcelo, David alias «El Moco», Luis y Enrique no aplican el mismo método. Ellos secuestran a sus víctimas, las someten desde el momento en que las raptan y las trasladan a Tenancingo, adonde aplican el terror psicológico y físico: las amenazan, las golpean, las violan, las torturan dejándolas sin comer, sin tomar líquidos y sin dormir, o simplemente las subyugan obligándolas a ingerir drogas. Este clan de padrotes alteró el *modus operandi* que utilizaban sus antecesores y ahora van de pueblo en pueblo y de ciudad en ciudad para ubicar a sus víctimas y acechar a sus presas.

Daños irreversibles

Celia tiene 18 años de edad, el diagnóstico de los psicólogos que la atienden es que ha desarrollado ideas suicidas, se avergüenza de sí misma, tiene baja autoestima, sentimientos de desesperanza y culpa, es desconfiada, no sabe cómo relacionarse con su familia, se siente constantemente amenazada y teme que la estigmaticen por haber sido prostituta.

Hace cuatro años que Celia fue raptada. Cuando se dirigía a la escuela de computación en Matehuala, San Luis Potosí, un hombre la siguió al bajar del camión. Le hablaba, pero como ella no lo conocía le tuvo miedo y caminó más rápido, hasta que fue alcanzada por el sujeto.

«Todo pasó muy rápido. El hombre me sujetó de la cintura y con su otra mano me tapó la boca. En ese momento se acercó un coche rojo que era conducido por otro hombre al que yo tampoco conocía. Uno de los dos, no sé cual, todo era muy confuso, abrió la puerta de atrás y me aventó con fuerza sobre el asiento. Me enseñó una pistola y me dijo: No grites ni hagas nada porque te mato. Agáchate estúpida. Apenas terminó la frase me dio una cachetada que me provocó mareo y dolor al mismo tiempo.»

El relato de Celia es extraído de la investigación policiaca que muchos meses después del secuestro ella pudo narrar con la esperanza de que detuvieran a su captor, a quien siempre identificó como Benjamín o El Chaparro.

«Cállate idiota, deja de llorar porque me estás desesperando», le decía El Chaparro, mientras su primo o El Conejo, como él le llamaba, manejaba sin detenerse.

«Yo lo obedecía en todo porque tenía mucho miedo. Recuerdo que mis manos y mis piernas temblaban. Todo el tiempo sentía que El Chaparro me apuntaba con la pistola en el estómago. Por horas manejaron por una carretera que desconozco, hasta que tuvieron que parar en una gasolinera. Ahí sentí el frío de la pistola sobre mi piel. Pobre de ti si haces algo, te mato aquí mismo y me regreso a matar a tu mamá que sé muy bien dónde vive. Más te vale que dejes de llorar y que te quedes callada, me advirtió. No hice nada. Sentía tanto miedo de ese hombre que pensé que podía cumplir sus amenazas. Agaché la cabeza y seguí llorando en silencio.»

Muchas horas después el vehículo rojo avanzó por debajo de un letrero que decía TENANCINGO. Recorrió calles pavimentadas y otras empedradas, hasta que llegaron a una casa grande, de cuatro pisos, con un portón muy alto de color negro que El Chaparro abrió para que su primo metiera el coche. Ya adentro, le ordenó que saliera del automóvil, siempre con la pistola en la mano. La casa estaba vacía. No había nadie, pero se alcanzaban a escuchar voces cercanas.

—Yo quería gritar, pedir ayuda. Sentía que me ahogaba de miedo. No sabía en dónde estaba y sólo pude decir: ¿Para qué me quiere, por qué me trajo aquí? Él sólo me contestó: A ti no te importa para qué te quiero. Tú me vas a obedecer en todo lo que yo te ordene.

El Conejo se salió de la casa y sólo quedaron Celia y El Chaparro. «Ve a hacer café, pendeja, y limpia la casa. ¡Órale! Haz lo que te ordeno que para eso estás» [sic]. Ella obedeció sin que las lágrimas silenciosas dejaran de escurrir por su rostro.

El Chaparro se sentó en el sillón de la sala para revisar su teléfono celular mientras ella intentaba limpiar algo sin lograrlo, porque estaba muy confundida y atemorizada. El hombre se levantó, la agarró de un brazo y la subió a empujones por la escalera.

—Me metió a un cuarto y me dijo: órale hija de la chingada quítate toda la ropa. Me jaló de los cabellos porque yo intentaba soltarme, quería correr, escapar, tenía mucho miedo, pero sus fuerzas fueron superiores a las mías y me aventó sobre la cama.

En su declaración, Celia relata que El Chaparro sacó la pistola del cinturón y se la puso en la mejilla izquierda. «No te pases de pendeja, obedéceme y quítate la ropa» [sic]. Entre llanto y miedo le suplicaba que la dejara, pero el hombre se enojaba más.

«Con la mano izquierda me quitó la ropa, se puso encima de mí, me abrió las piernas con mucha fuerza, se sacó el pene y lo introdujo en mi vagina. Me apuntó con la pistola y todo el tiempo me estuvo amenazando. Traté de forcejear con él pero comenzó a jalarme de los cabellos cada vez más fuerte. Después de varios minutos de decirme obedéceme pendeja, eyaculó. Se me quitó de encima y mientras yo lloraba, guardó la pistola debajo de la almohada, se acomodó sobre la cama y se quedó dormido. Me senté en el piso y lloré hasta que amaneció. Toda la noche me estuvo saliendo sangre de entre las piernas, pero no tenía fuerza para hacer nada.» [sic]

A la mañana siguiente, El Chaparro le ordenó que se bañara para que fueran a desayunar con sus papás. Mientras se duchaba la siguió vigilando. Le dio un vestido, que sacó de un cajón, para que se cambiara. Apenas caminaron unos pasos hacia la parte trasera del terreno y ahí estaba la casa de los padres. Antes de entrar le soltó otro rosario de amenazas: «Pobre de ti si dices algo de lo que hicimos anoche, ¿eh? Te mato».

Era una casa más pequeña, de dos pisos, no era lujosa como la de El Chaparro. Sus papás, unos señores ya mayores, le ofrecieron pasar. Él la presentó como su novia, lo que a todos les pareció normal, o al menos eso aparentaban, porque nadie preguntó ni cuestionó nada. La madre sirvió el desayuno, mismo que Celia ni siquiera probó, al terminar regresaron a la primera casa y ahí la encerró. Permaneció sola por unas horas hasta que una niña de unos 12 años de edad, con pelo largo y rubio, abrió la puerta. Le comentó que ella y su tía Miriam la cuidarían mientras su tío Benjamín estaba de viaje.

Y así fue. En las mañanas, Miriam entraba a la casa, dejaba el desayuno, se quedaba un rato revisando su celular hasta que Mary, la niña de 12 años de edad regresaba de la escuela. Hacía la tarea con Celia, comía con ella en la casa de los papás de El Chaparro y se dormían juntas. A veces platicaban, pero cuando le preguntaba en dónde estaba o a qué se dedicaba su tío Benjamín, la niña le respondía: «De eso no podemos hablar, mejor cambiamos de tema».

Unos días después El Chaparro regresó a la casa, apenas llegó le advirtió a Celia que iban a ir a la ciudad de México, adonde tendría que ponerse a trabajar. Le presentó a la supuesta novia de El Conejo, de nombre Candelaria, con quienes viajaron en el mismo coche rojo a las calles de Buenavista, en el Distrito Federal, adonde se hospedaron en un hotel de paso.

Candelaria le dijo que sería prostituta. Le enseñó a poner el condón. Le indicó que por cada servicio sexual tenía que cobrar 200 pesos y que sólo podía durar quince minutos. Al día siguiente de estar en la ciudad de México, un taxi pasó a recogerlas al hotel y las llevó a la calle de Sullivan. Celia no dejaba de llorar, se sentía incómoda con la forma en que estaba vestida y maquillada. Le dolían los pies por usar tacones. La situación la avergonzaba.

—Si sigues llorando los clientes no se van a acercar y vamos a tener problemas con Benjamín y El Conejo. Tenemos que regresar con algo de dinero. No se te ocurra pedir ayuda o tratar de escapar porque ellos nos están vigilando. Nos pueden matar. Mejor ponte a trabajar y olvídate de la vergüenza. Esa se termina con el primer cliente —le advirtió Candelaria.

Celia recuerda que la primera noche trabajó de las cinco de la tarde a la una de la mañana. No sabe cuántos servicios hizo, pero obtuvo cerca de 800 pesos. Por unas semanas siguió ahí, hasta que El Chaparro le dijo que se irían a Oaxaca porque estaba ganando muy poco dinero.

En esos meses sólo habló una vez con su mamá. Le dijo que se había ido con un novio pero que estaba bien. El Chaparro supervisó la llamada aunque antes le advirtió: «No te pases de pendeja porque ya sabes cómo te va si le dices algo a tu mamá» [sic].

De camino a Oaxaca pasaron por Tenancingo. Había una fiesta en la casa de los papás de El Chaparro. Había más hombres que mujeres, aunque las que estaban vestían con ropa provocativa, como la que se usa para el sexoservicio, dice Celia.

Los hombres hablaban de sus mujeres, de sus ganancias y de cómo expandir sus negocios. La madre de El Chaparro, Miriam y Mary, la niña, entraban y salían de la casa con charolas de comida. El padre era el encargado de servir las bebidas. A casi todos se les veía la pistola detenida en el cinturón. Bebieron hasta la madrugada. Las mujeres se quedaron ahí. Celia fue obligada a sentarse cuando intentó irse a acostar a la casa. «Adónde crees que vas pendeja, yo digo cuando te puedes mover de aquí. Aplástate y cállate» [sic].

Estando en Oaxaca, El Chaparro decidió que se tenían que ir a Reynosa, Tamaulipas, de donde los iban a trasladar a Estados Unidos. Celia trató de oponerse, sentía que cada vez estaba más lejos de su familia, pero obtuvo por respuesta una golpiza y la amenaza de que si no obedecía, la iba a matar.

Cruzó la frontera por el Río Bravo con un pollero, otras mujeres y El Chaparro. Ahí también fue obligada a prostituirse hasta que un cliente la ayudó a denunciar ante agentes del FBI. Desde que la policía de Estados Unidos se hizo cargo de su caso empezó a recibir ayuda psicológica, pero su personalidad fue afectada por el daño sufrido, dicen los especialistas.

La describen como una joven ansiosa, introvertida, insegura, necesitada de protección pero desconfiada para recibir cualquier tipo de apoyo. «Es una mujer que se encuentra en estado de alerta permanente por miedo a que se cumplan las amenazas que recibió. Pasará mucho tiempo para que vuelva a confiar en la gente, porque fue arrancada de su seno familiar, y de su entorno social y ahora no sabe adónde pertenece».

Bandas de padrotes

Investigaciones policiacas dan cuenta de familias de Tenancingo que han hecho del lenocinio y la trata de personas su forma de vida.

En la calle Tercera Poniente, en el centro de Tenancingo, se distingue de entre sus vecinas la casa de la familia Guzmán N. La fachada es de estilo californiano, de tres pisos y con acabados de lujo.

Al menos cinco integrantes de esa familia se dedican a reclutar y explotar sexualmente a mujeres. En el pueblo los conocen como la banda de Los Panes. Son famosos porque ellos no enamoran a sus víctimas, sólo las secuestran y las someten a sus intereses. Para controlarlas contrataron a un grupo de jóvenes del pueblo que se hacen llamar Los Gorilas, quienes se encargan de vigilarlas, recoger el dinero que ganan en el sexoservicio y golpearlas o amenazarlas si consideran que rompen las reglas de sus patrones. También tienen entre sus filas a una mujer cuyo sobrenombre es La Madrota, quien recluta menores de edad en poblados de Veracruz, Oaxaca y Chiapas, para luego distribuirlas en supuestos centros de masaje en la ciudad de Puebla, adonde las obligan a prostituirse.

A unos pasos de la carretera Panzacola-Tenancingo se aprecia la casa de la familia Loreto. Otra edificación estilo californiano que combina con su entorno, techos de dos aguas en varios desniveles, un balcón de frente que en su pico más alto luce una ventana circular. Los ventanales del segundo piso son prácticamente negros. Es una casa silenciosa, sin mucho movimiento de gente. Los vecinos aseguran que casi toda la familia trabaja en la ciudad de México y están pocas horas en la casa.

Los Cabeza de León, les dicen en el pueblo a los tres hermanos que se dedican a la trata de personas, se apoyan en un sobrino y un cuñado para raptar mujeres. Los cinco son señalados como hombres muy violentos que presumen de someter «a madrazos» a sus víctimas. Reclutan mujeres de entre 15 y 18 años de edad por medio de engaños, como promesas de amor o de grandes oportunidades de empleo.

En la calle 16 de septiembre, en la segunda sección de Tenancingo, se erige una casa verde limón con grandes ventanales blancos protegidos con herrería y con al menos cuatro picos. Es propiedad de Los Petroleros. Los tres hijos varones son padrotes y se sabe que su maestro en el «oficio» es Facundo N., un hombre que aprendió de su padre y que ahora tiene sus propios discípulos.

A los hermanos Flores N., a quienes conocen en Tenancingo como Las Momias, se les ubica en la colonia La Victoria. Ellos

74

han rebasado las fronteras, ya que tienen nexos con prostíbulos de Nueva York. Su *modus operandi* es reclutar a sus víctimas, ponerlas a trabajar unas semanas en la zona de La Merced, en el centro de la ciudad de México, y ya que están entrenadas para ejercer el sexoservicio, las trasladan ilegalmente a Estados Unidos, adonde las obligan a prostituirse.

Los hermanos recorren los estados de Veracruz, Jalisco y Michoacán en busca de sus presas. A algunas las explotan sexualmente en casas de citas en la ciudad de Puebla.

Los cinco hermanos Romero N., conocidos como Los Conejos, son identificados como muy violentos. «Para someter a sus víctimas aplican la tortura y la brutalidad», consigna un reporte policiaco.

Los Gusanos es otra organización familiar comandada por el hermano mayor, alias El Uñas, quien es descrito como muy violento, que normalmente anda armado y aplica severos castigos y torturas a las mujeres que tiene bajo su dominio para que realicen más servicios sexuales y obtengan más dinero para él.

La banda de Los Ratones, originaria también de Tenancingo, tiene su centro de operaciones en ciudades fronterizas como Tijuana, Baja California y Hermosillo, Sonora, adonde trasladan a las jóvenes que explotan sexualmente y de ahí las llevan de manera ilegal al estado de Colorado, Estados Unidos. Tienen casa en su pueblo natal, cerca de la barranca, y permanece en obra negra porque la han ido ampliando. Sus vecinos comentan que hace apenas unos años sólo tenían dos cuartos y ahora ya no les alcanza el terreno para construir a lo ancho, por eso han edificado varios pisos hacia arriba.

Trata de personas, el secuestro de los pobres

Patricia esperó a su hija Yolanda en el paradero de los camiones como todas las noches cuando salía de trabajar. Le preocupaba que caminara sola tres calles que le faltaban para llegar a casa. Aunque hubiera mucho tráfico, la joven de 17 años de edad bajaba del camión a las ocho, o a más tardar a las ocho y cuarto. Ese día el reloj marcó las nueve, las diez, las once y Yolanda no apareció. La madre se empezó a movilizar. Fue a la casa de su hermana para pedirle que la acompañara a buscarla. Juntas visitaron a su otra hija para ver si estaba ahí. El yerno las llevó a la casa de una amiga que vivía cerca del trabajo. Recorrieron la ruta del transporte, parada por parada. Llegaron hasta la tienda de ropa adonde trabajaba pero estaba cerrada desde las siete de la tarde. Deambularon por horas. Yolanda no tenía novio y a pesar de que entró a trabajar para comprarse un celular, todavía no le alcanzaba el dinero para adquirirlo.

Se terminó el sábado y en las primeras horas del domingo, Patricia decidió denunciar la desaparición de su hija en la agencia del Ministerio Público en la ciudad de Puebla. Durante sus declaraciones ante las autoridades se sobresaltó al recordar que una semana antes Yolanda le dijo que al venir en el camión vio cuando un joven se bajó de un Jetta color rojo y se subió al transporte público en el que ella estaba. Esperó a que el asiento al lado de ella se desocupara, se sentó y de inmediato le pidió que fuera su novia. El muchacho dijo que se llamaba Irvin. Desde que su hija le contó la anécdota le dio mala espina, pero en ese momento pensó que el hecho podría estar relacionado con la ausencia de su hija.

Pasaron horas y días y Patricia no veía una señal de búsqueda de Yolanda por parte de las autoridades por lo que, acompañada de su hija y su hermana, se dedicaron a pegar carteles en las calles del centro de Puebla, en la ruta de camiones, en los hospitales, en mercados y todos los lugares posibles. Transcurrieron noviembre, diciembre y enero, y seguía sin ninguna pista del paradero de su hija.

Patricia se enfermó por no comer ni dormir. Su familia le apoyó por unos días, pero todos tenían que trabajar, así que ella siguió sola la búsqueda, hasta que los primeros días de febrero recibió una llamada de Yolanda: «Mamá estoy bien, el 14 voy a verla» y colgó.

«Con esas palabras tuve para saber que estaba muy triste, que algo estaba muy mal en ella. Convoqué a toda la familia para el

14 de febrero pero mi niña no llegó. Ese día fue de ilusión y dolor. Sentí mucha impotencia. No sabía de dónde me había hablado, no sabía nada de ella, me regresó la desolación».

El 19 de febrero Yolanda llegó a la casa de su mamá. No iba sola, un hombre que dijo llamarse Irvin la llevaba agarrada de la cintura y no la soltó ni por un instante durante el poco tiempo que permanecieron en la casa de Patricia.

«Me dijo que se llamaba Irvin, que se iba a casar con mi hija. Era medio chaparro, un poco gordo, con lentes. Era el mismo fulano que se subió al camión y le pidió a mi niña que fuera su novia. Yolanda estuvo callada, mirando al piso, yo veía que le temblaban las manos. Ese hombre no me dio buena impresión y mucho menos al que presentó como su primo. Los dos me generaron mucha desconfianza. A los pocos minutos de que llegaron él me dijo que se tenían que ir porque iban para Veracruz. En ocho años, esa fue la única vez que la vi. Me hablaba una o dos veces por año y me decía que estaba bien. Nunca contestaba mis preguntas, creo que sólo quería saber si yo todavía estaba viva.»

Unos años después de la desaparición de Yolanda, su mamá recibió una llamada telefónica de otra de sus hijas que vivía en Los Ángeles, California. Le dijo: «Mamá, Yolanda anda por acá. Dice que está bien y que un día de estos me va a venir a visitar». Y lo hizo. A los pocos días llegó. Ya había cumplido 18 años de edad. Se veía muy triste y demacrada del rostro. Ya no era la misma. Sus ojos no tenían brillo. Su cuerpo era tan delgado que parecía enferma, dijo la hermana cuando le habló a su madre para pedirle que buscara la forma de ir a verlas a Estados Unidos, aunque tuviera que contratar un pollero porque no tenía ni pasaporte ni visa.

Patricia pidió dinero prestado, hizo una maleta pequeña y se fue a la frontera, contrató a un pollero para que la cruzara por el desierto y la llevara a Los Ángeles, pero fue arrestada por las autoridades de migración de Estados Unidos. La retuvieron por una semana hasta que la deportaron a México. En esos días, Irvin

(Noé Quetzal Méndez Guzmán) ubicó a Yolanda y amenazó con matarlas a ella y a su hermana si no se regresaba con él, por lo que no tuvo más remedio que obedecerlo.

«Antes de que me deportaran hablé con mi hija y me dijo que ese hombre se había vuelto a llevar a Yolanda. Me comentó que veía muy mal a su hermana y que el tal Irvin le dio mucho miedo, eso me hizo pedir ayuda a los oficiales gringos. Les conté todo y se ofrecieron a apoyarme para buscar a mi niña. Les di su foto y cuando les llamé para preguntarles si sabían algo me dijeron que habían ubicado una casa en la que estuvieron los dos, que ella se dedicaba a la prostitución pero que ya se habían movido de la zona y no los habían vuelto a localizar.»

El detective de Estados Unidos le dijo que dado que su hija ya era mayor de edad ya no la buscarían más. Pasaron dos años más para que volviera a tener noticias de Yolanda. Una tarde sonó el teléfono de su casa y era ella, únicamente le dijo: «Mamá ahora sí voy a hacer algo, ya se enterará. No se preocupe más, voy a estar bien», y colgó.

Patricia supo después que un amigo de Irvin la ayudó a escapar. Se la llevó a vivir a Guanajuato y ahí la explotó sexualmente. Se enteró que en esos años Yolanda tuvo una hija de Irvin, pero éste se la quitó a los tres meses de nacida y se la llevó a Tenancingo, adonde estaba la madre de él.

Un par de años después, Yolanda regresó al hogar materno muy delgada, silenciosa, triste, deprimida y acompañada de un joven que presuntamente se llamaba Paco.

Un día Paco regresó de la calle corriendo y asustado, comentó que lo habían seguido en un Jetta rojo. «Son los de Tenancingo», dijo. En ese momento Patricia lo enfrentó: «Tú los guiaste hasta aquí, tú eres uno de ellos, rescataste a mi hija de Irvin para obtener dinero de nosotros, pero cuando viste que somos tan pobres, los trajiste hasta acá para que se la volvieran a llevar a la prostitución. Lárgate de mi casa antes de que llame a la policía. Lárgate».

Esa misma noche esperaron al yerno de Patricia, esposo de otra hija suya, para que las llevara en su coche a pedir ayuda a las autoridades ante el temor de que Irvin se presentara en la casa y se llevara a Yolanda por la fuerza. Regresaron a su domicilio con el mismo temor porque en la agencia del Ministerio Público de Puebla no tenían un seguimiento del caso, ya que, argumentaron, había sido denunciado muchos años atrás.

La hija de Yolanda estuvo en Tenancingo en la casa de su abuela paterna, la madre de Irvin, hasta que éste fue detenido en un operativo policiaco en las inmediaciones de Puebla y Tlaxcala. La autoridad cateó su casa, ahí encontraron a una niña de ocho años, quien desconocía el nombre de su verdadera madre.

Oficiales de la Procuraduría General de Justicia del Distrito Federal relatan que ellos mismos se dieron a la tarea de localizar a la madre de la niña. Así, de puerta en puerta, y con algunas referencias e investigaciones sobre las víctimas de trata de personas que tenía Irvin, llegaron hasta la casa de Patricia para informarle que tenían a su nieta.

Yolanda y su madre se trasladaron de Puebla a la ciudad de México para realizarse exámenes de ADN y así determinar si tenían relación consanguínea con la menor de edad. Los resultados fueron positivos. Tras varios días de declaraciones, de identificar a Irvin a través de la cámara de Gesell como el hombre que la raptó, la golpeó y violó en su casa de Tenancingo, además de obligarla a prostituirse por varios años en diversos estados de la República Mexicana y en la ciudad de Los Ángeles, California, recuperó a su hija, a quien no había visto desde que tenía tres meses de nacida.

Patricia cree que si ella fuera una persona con dinero, Yolanda no habría vivido la pesadilla de ser esclava sexual de un padrote, pero como ella es muy pobre y no buscó la forma de pagar un rescate por su hija, ésta sufrió las consecuencias al ser obligada a prostituirse.

La trata de personas, dice Patricia, es el secuestro de los pobres. «Se llevan a nuestras hijas, las arrancan de sus hogares para explotarlas sexualmente y sacarles dinero, pero a los padres de las niñas ricas les piden que paguen y las liberan».

El periodo de ablandamiento

Era un domingo de diciembre cuando la directora regional de la Coalición Contra el Tráfico de Mujeres y Niñas en América Latina y el Caribe (CATWLAC, por sus siglas en inglés), Teresa Ulloa Ziáurriz, esperaba en una sala del aeropuerto John F. Kennedy para abordar el avión que la llevaría de Nueva York a la ciudad de México. Llamó poderosamente su atención una mujer corpulenta, «mandona» y con muchas maletas. Iba acompañada de un hombre más joven que ella y de tres jovencitas muy tímidas que atendían todas sus instrucciones.

> «La observé durante largo rato, fuimos vecinas de vuelo porque nuestros asientos estaban en el pasillo. Para asegurarme de que mi intuición no me traicionaba, le pregunté sin mediar comentario: «Oiga ¿cómo me voy a Tenancingo, llego a la TAPO para agarrar el camión que va a Puebla y de ahí tomo otro a Tenancingo? Su respuesta fue "ya hay camión directo de la TAPO a Tenancingo".»

Ulloa Ziáurriz regresaba a la ciudad de México luego de reunirse con una víctima de trata de personas que autoridades de Estados Unidos mantenían bajo custodia luego de ser rescatada tras un operativo de migración en una casa adonde era obligada a prostituirse.

> «Me sentía muy conmovida por la historia de la joven y su relato fue tan preciso que cuando vi la actitud de la mujer en el avión, supe de inmediato que se trataba o de la madre de un padrote o de plano de una madrota. Durante el vuelo seguía dando órdenes a las jovencitas que la acompañaban. Ellas todo el tiempo mantuvieron la cabeza agachada, muy calladitas. Pienso que eran sus víctimas, que las traen a que vean a sus hijos y luego las regresan a Nueva York para explotarlas sexualmente.»

Ulloa Ziáurriz es doctora en Derecho y experta en el tema de trata de personas, pero principalmente es una luchadora social dispuesta a arriesgar su propia vida por salvar a una víctima de las redes de los explotadores sexuales. Desde 2003 coordina las actividades de prevención, rescate, atención y reintegración social de víctimas en al menos quince países en el continente americano.

Por la experiencia que ha tenido al trabajar con víctimas de padrotes de Tenancingo, Ulloa Ziáurriz describe el proceso que aplican para mantenerlas bajo su control y explotarlas.

«Primero es el sometimiento, a través de la promesa de amor o el engaño sobre la posibilidad de conseguirles un súper empleo, luego las violan y las presentan con sus familiares, quienes las presionan para que se comporten como las esposas y enseguida viene la etapa del ablandamiento. Esta parte del proceso está cargada de mucha violencia, las golpean, las limitan, las amenazan hasta que terminan por asumir que eso es lo único que merecen, y que no pueden ni deben escapar porque ni sus padres o sus hermanos las van a volver a aceptar después de haber sido prostitutas.» [*sic*]

En Nueva York, la luchadora social se reunió con una joven indígena originaria de la sierra de Puebla, a quien un padrote de Tenancingo ofreció un «buen» empleo en una tortillería, además de darle alojamiento y alimentos, tendría oportunidad de ir a su pueblo una vez por semana para darle dinero a sus familiares. Las carencias económicas eran tales que a lo más que podía aspirar era a tener una comida al día, por lo tanto no dudó en aceptar la oferta de empleo y trasladarse a Tenancingo con su nuevo patrón.

«La violó desde la primera noche y le dio una golpiza para someterla. A la semana se la llevó a la zona de tolerancia de La Merced en la ciudad de México, todos los días la agredía física y verbalmente hasta que ella misma cuenta que asumió que ya no podía hacer nada, que no se podía escapar y tenía que hacer lo que él le ordenara. Después de golpearla y obligarla a tener relaciones sexuales con él, le insistía en que ella era su mujer y que tenía la obligación de ayudarlo porque para eso eran las parejas.» [*sic*]

La joven relata que al poco tiempo de estar en La Merced se la llevó de manera ilegal a Nueva York, adonde ella se sentía totalmente perdida por el problema del lenguaje y su condición indígena, por lo que le fue más difícil intentar pedir ayuda.

«Allá en Estados Unidos las golpizas se volvieron más frecuentes, la exigencia de una cuenta diaria, o sea, el dinero que ella obtenía por el sexoservicio se incrementó, por lo que para poder cumplir con la cuota tenía que atender a más hombres cada día. El padrote la dejó encargada con un primo, se regresó a México y se fue a buscar a la hermana de su víctima, de 14 años de edad.» [*sic*]

En ese tiempo la joven fue rescatada en un operativo policiaco en el condado de Queens. Después de varios días de silencio, al fin le proporcionaron a un traductor intérprete de la lengua náhuatl y pudo hablar del infierno que vivía, y alertó que el hombre que la tenía raptada se había ido a México para robarse también a su hermanita.

Personal del Centro de Justicia para Mujeres de Nueva York localizó a Ulloa Ziáurriz en México y le pidió apoyo para rescatar a la adolescente de 14 años de edad en la sierra de Puebla. La localizó y la trasladó, con el permiso de los padres, a un albergue en la ciudad de México.

La doctora en Derecho ha trabajado al menos tres años en la reintegración social y familiar de esta víctima. Sus estados de ánimo aún son muy cambiantes. Siente mucha vergüenza de regresar con sus papás. Se niega a tener pareja. Es sumamente desconfiada.

—¿Cómo es el perfil de las víctimas después del rescate, tras los años de sometimiento, de ablandamiento y de todo lo que implica este proceso?

—Tienen de manera permanente una pérdida grave de autoestima, de apropiación del cuerpo y de identidad, porque generalmente los padrotes les ponen un nombre «artístico». Sufren un desapego de sus redes familiares de apoyo por vergüenza o por miedo, y cuesta mucho trabajo que retomen o reconstruyan un nuevo proyecto de vida, tarda mucho, y no hay instituciones en este país que les ofrezcan oportunidades para que puedan construirse un mañana y no vuelvan a estar en la misma condición de vulnerabilidad.

Tras años de haber recuperado su libertad, las víctimas de trata de personas sufren pesadillas recurrentes y tienen flash-backs de todos los malos recuerdos acumulados. «Hay que estar muy pendientes de que no caigan en depresión y de que se sientan aceptadas, queridas, y que saquen fuerzas para seguir adelante», asegura la luchadora social.

—¿Cuánto tiempo requiere una víctima para retomar su vida, reinsertarse, recobrar un poco de su autoestima?

—Yo creo que mínimo son tres años. Hay que vigilar su salud psicológica y mental. El proceso debe ir acompañado de alternativas de vida, que tengan herramientas para que accedan a la educación formal, o generarles proyectos productivos para que recuerden que hay otras formas de obtener dinero, que aprendan nuevas formas de vivir.

Desde que Ulloa Ziáurriz está al frente de la CATWLAC, sabe del fenómeno de familias, originarias de Tenancingo, dedicadas a la explotación sexual de mujeres, tanto en territorio mexicano como en el extranjero, principalmente en Estados Unidos, ha alertado constantemente a las autoridades sobre esta problemática que, asegura, está en aumento.

«Estamos en la tercera generación de padrotes de Tenancingo. Es una herencia que se ha transmitido de generación en generación. Es una enseñanza de padres a hijos. Se dice que los primeros eran sumamente violentos, que todo era a base de golpes y que inclusive usaban los fuetes con los que ellos se golpean en el carnaval, para someterlas. La siguiente generación empezó a enamorarlas, a hacerlas que se volvieran dependientes de ellos y codependientes del maltrato. Ahora,

83

dicen ellos mismos, que cada vez emplean formas de sometimiento más sofisticadas.»

En los estudios que ha realizado la CATWLAC, a través de los testimonios de las propias víctimas, se ha detectado que los padrotes las embarazan, les quitan a sus hijos, a quienes dejan en la casa paterna, y si ellas no cumplen con la cuota que les imponen las presionan y amenazan con maltratar a los descendientes.

Tras el rescate de la indígena de la sierra de Puebla que era explotada sexualmente en Nueva York, el gobierno de Estados Unidos alertó al gobierno mexicano sobre el secuestro del hijo de esta mujer, lo que llevó a un cateo en una de las casas de la banda de tratantes en Tenancingo, adonde encontraron a ocho niños, entre bebés y menores que no superaban los ocho años de edad.

Los tenían como animales, en condiciones de insalubridad. Estaban entre pañales, trastes y juguetes sucios. Todos tomaban mamila, los chicos y los grandes. Incluso los mayores cambiaban los pañales a los más pequeños.

Hasta ahora, relata Ulloa Ziáurriz, hemos localizado a las madres de siete niños. Todas eran explotadas por integrantes de esa familia de padrotes y les habían quitado a sus hijos, las amenazaban con quitárselos o hacerles daño si ellas se negaban a seguir obedeciendo sus instrucciones.

Los niños estaban abandonados porque la familia de los padrotes, desde la abuela hasta las hermanas o primas, deberían cuidarlos, pero no lo hacían, sólo se beneficiaban del dinero que las víctimas enviaban para sus hijos. «Todavía nos falta encontrar a la mamá de un niño, creemos que la tienen en Estados Unidos».

A manera de explicación del fenómeno de trata de personas en Tenancingo, Ulloa Ziáurriz considera que la pobreza extrema, la falta de oportunidades, haber sido víctimas de algún tipo de violencia en su hogares, los usos y costumbres, o prácticas tradicionales de muchas comunidades de México, adonde al final se naturalizan ciertas conductas de los tratantes, son factores que los padrotes detectan para enganchar a sus presas, porque saben de su vulnerabilidad.

84

Es un problema complejo, dice, obedece a muchas causas, aunque el mayor número de casos se registra entre los sectores de mayor exclusión social, o con antecedentes de agresiones sexuales o desintegración familiar, pero también tenemos casos de niñas de clase media, media alta, y alta, inclusive profesionistas que han sido víctimas.

El antropólogo tlaxcalteca Ricardo Romano, que ha dedicado una serie de investigaciones al fenómeno de la trata de personas en los municipios del sur del estado, principalmente en Tenancingo, revela que durante un trabajo de campo que realizó en la región y que implicó entrevistas con víctimas y padrotes, supo que los explotadores de mujeres han diseñado nuevas estrategias de sometimiento que consisten en golpear a los hijos que procrearon juntos. Cuando una mujer se niega a prostituirse arremeten contra los niños, lo hacen enfrente de ellas o graban las golpizas y se las envían por teléfono para presionarlas.

«Son procesos terriblemente violentos, ya no es sólo el secuestro, el engaño, el maltrato sexual y psicológico. Estos hombres y sus familias están convencidos de que el único valor de la mujer es sexual, y la explotan como una mercancía, por eso no aceptan su negativa a obedecer sus órdenes.»

El investigador relata que una víctima le confió, durante una entrevista, que a ella el padrote le enviaba fotografías, vía celular, donde se veía a su hijo de ocho años de edad amarrado, y videos adonde lo colocaba en una posición como si lo crucificara y lo azotaba con un fuete. Al ver esas imágenes, ella accedía a todo lo que él le pedía.

También en su tesis de maestría, Óscar Montiel Torres, quien vivió en Tenancingo y convivió tanto con los padrotes como con sus familias y demás habitantes de esa comunidad, advierte que no es posible concebir este fenómeno sin que de manera simultánea se dé un proceso de deshumanización social para aplicar los castigos y presiones a los que someten a las mujeres que obligan a prostituirse.

«Para estos hombres lo importante es transformar la concepción de las mujeres sobre su cuerpo, deshumanizarlo, hacer que lo conciban como mercancía que puede ser vendida dentro de un campo de comercio sexual. Al hablar de mercancía, los padrotes deshumanizan a las mujeres que prostituyen, aunado a que le cambian de nombre, les ponen un "nombre artístico". Al hacer esto, los padrotes les quitan su identidad, su historia familiar, y las ven como cosas comerciables dentro del campo de comercio sexual femenino. Los padrotes, después de seducir, engañar e iniciar a la mujer en la prostitución, lo que hacen es arrancarla de sus grupos de apoyo, familia y amigos, le arrebatan su historia, lo que ha definido su ser social. Ese punto es importante para comprender cómo los padrotes al cambiarle de nombre y arrancarla de sus grupos de apoyo, deshumanizan a la mujer. Construyen una nueva historia para ella, una vida que gira alrededor de la explotación y de los intereses del explotador. La hacen depender del cariño que el padrote le da y de la forma de pensar de él.»

María de los Ángeles tiene actualmente 18 años de edad, pero a los 14 conoció a un hombre mayor que ella en su estado natal, San Luis Potosí. En menos de un mes ya vivían en Oaxaca, adonde él la bautizó como Viky. Le compró una cédula de identidad falsa en la que le cambió desde la edad hasta los apellidos.

«De ahora en adelante te llamas Viky, todo lo que digas y hagas te lo tengo que autorizar yo. No te trates de pasar de lista porque mato a tu mamá, a tu hermanita y a ti. Ya sabes que conmigo no se juega» [*sic*]. Con esa advertencia, Leo obligó a María de los Ángeles a que se prostituyera en la Central de Abastos de la ciudad de Oaxaca, mientras él observaba de lejos a los clientes que la contrataban y contaba el tiempo que duraba el sexoservicio.

Leo es un hombre de 40 años de edad, de tez morena, complexión delgada, originario de Tenancingo. María de los Ángeles, o Viky, como se acostumbró a que la llamaran, aprendió a tenerle mucho miedo por las golpizas que le propinaba.

«Si ganaba 800 pesos me pegaba y me decía: no sirves ni de puta. Si ganaba mil 500 pesos, me pegaba también y me reclamaba: seguro te calientas con los clientes y por eso te pagan más, no te hagas pendeja, el servicio es de 15 minutos. Tú sólo debes abrir las piernas para ellos, tú sólo te debes calentar conmigo que soy tu hombre, si me entero que sigues así te voy a poner en la madre.» [*sic*]

No había día en que Leo no la golpeara o le recordara el poco valor que tenía. «Tú no ibas a servir para nada allá en tu pueblo jodido, ya ves, ni para puta sirves» [*sic*].

La joven relata que el día que cumplió 15 años de edad tuvo muchos clientes, por lo que al final de la jornada le entregó a Leo dos mil 500 pesos. Él se alegró un poco y la llevó de compras. A ella le dio 300 pesos y él se compró unos tenis de mil 400 pesos. Al salir de las tiendas le preguntó: «¿Qué te compraste? Enséñame qué hiciste con el dinero». Ella respondió que nada porque no le había alcanzado para comprar lo que deseaba. La jaló del brazo y le dijo al oído: «No te hagas la víctima, pendeja, eso es lo que te mereces por ser tan mala para putear» [*sic*].

En sus estudios de campo, Montiel Torres analizó las estrategias que aplican los padrotes con sus víctimas, no sólo para mantenerlas bajo sus órdenes, sino para que no intenten huir. Las despersonalizan, les insisten día con día sobre el nulo valor que tienen como mujeres, les aseguran que ni sus familias ni amigos las van a volver a recibir en sus casas «porque en la sociedad nadie quiere a las putas» [*sic*]. Al robarles su identidad, las vuelven completamente dependientes de ellos, porque las hacen sentir que son los únicos que conocen su «pecado» y así las aceptan.

Mayanin, una mujer guatemalteca que fue explotada sexualmente por un padrote de Tenancingo, relata que durante los cinco años que estuvo con Daniel nunca la llamó por su nombre de pila ni por el artístico que él le puso, que era Golondrina, siempre se dirigió a ella como puta.

«En la cama, a la hora de la comida, cuando le entregaba el dinero que ganaba, cuando íbamos de visita con su familia a su pueblo, siempre me decía puta. Nunca se dirigió a mí con respeto y mucho menos con amor, es más, a veces cuando me hablaban por mi nombre yo no volteaba porque me desacostumbré, o más bien me acostumbré a que me dijeran puta.»

Ante una joven sin iniciativa, insegura, con un complejo de minusvalía y con sus deseos legítimos de tener un vínculo que le dé sentido de pertenencia, que justifique su existencia, el padrote se muestra como el único ser que le puede brindar la posibilidad de incorporarse a una historia, comenta el psicoanalista Héctor Olivares, al hacer un perfil psicológico de la conducta del explotador y el explotado.

En sus declaraciones ante el Ministerio Público, luego de ser rescatadas, las víctimas señalan que los padrotes les repiten muchas veces que sólo ellos pueden quererlas porque no valen nada. Les aseguran que sin ellos no podrán sobrevivir, que estar lejos de ellos pone en peligro su vida y por lo tanto deben hacer todo para no perderlos. Una de las frases compartida por una víctima es «si quieres tener lo que te ofrezco, tendrás que hacer lo que te digo o me perderás».

Tras permanecer cuatro años secuestrada y amenazada por un tratante, Gloria, quien al momento del rapto tenía 14 años de edad, es descrita por peritos y criminólogos como «extremadamente vulnerable». Haber vivido sometida durante 48 meses la convirtió en una persona con mínimo nivel de autoestima, con alteraciones psicoemocionales que afectan el desarrollo de su personalidad.

La relación de Gloria con sus redes afectivas se dañó de manera permanente porque ella siente que es una vergüenza para su familia. Se asume culpable y teme ser estigmatizada y rechazada, lo que le genera episodios de angustia, depresión y fuertes deseos de morir. «Muchos días cuando abro los ojos me pongo a llorar de tristeza porque me acosté pidiendo a Dios que ya no amanezca y me decepciona mucho tener que vivir otro día con todas las pesadillas que traigo en mi cabeza».

5

Abuelas, madres y hermanas: eslabones de la trata

Bertha es la culpable

«Dianita es una extraña para mí, no sé qué hacer con ella. Durante tres años soñé con cargarla, todas las noches la cuidaba desde lejos, rezaba por ella y ahora siento que no la quiero. ¡Que Dios me perdone!».

Hace seis horas que Lorena tiene a Dianita en la casa de su mamá, por la zona de Chalco, en el Estado de México. Es su hija, la que Juan le quitó cuando tenía un mes de nacida. La que soñó con volver a tener en sus brazos y ahora llora, junto con ella, porque el vínculo entre las dos se fracturó por el tiempo y la distancia.

En un cuarto pequeño, frío y semivacío, las dos niñas lloran. La de tres años extraña a su abuelita, la mamá de Juan, Bertha, quien la cuidó de día y de noche mientras su madre era obligada a prostituirse; y a la de 17 años, Lorena, le duele estar viva, los recuerdos la lastiman. No sabe y no quiere saber qué será de ella y mucho menos de Dianita.

En un rincón de la casa, Lorena se cruza de brazos y levanta los hombros de su delgado cuerpo de un metro sesenta de estatura. Se niega a alzar a su hija del suelo, adonde llora desde hace media hora. Se echa el pelo hacia atrás, esa larga pero rala cabellera que le roza la cintura y se tapa los oídos para dejar de escuchar los gritos de Dianita, quien llama incesantemente a su abuela.

Bertha y Juan están presos. Los detuvieron agentes de la Procuraduría General de la República en el operativo que realizaron para rescatar a la niña.

Cuando Dianita y su mamá lloraban por no saber nada una de la otra, habían pasado treinta y seis horas de que los policías catearon los cuartos que Juan construyó con el dinero que Lorena ganaba en la prostitución.

Esposados y con la cabeza agachada salieron de una casa de ladrillos pelones, sin retoque, sin pintura del municipio de Tenancingo, tierra que vio nacer a toda la familia de Bertha, cuyos hermanos le enseñaron a Juan el oficio de padrote.

Primero salió Juan, con su metro cincuenta y cinco de estatura, y luego su madre, llevaba la cabeza cubierta con un rebozo de colores. Nadie se asomó a ver qué pasaba a pesar de que llegaron varias patrullas con las torretas encendidas. Los vecinos ni las cortinas levantaron a pesar de que en la casa de junto vivía uno de los hermanos de Bertha, también dedicado a la explotación sexual de mujeres.

Esa casa se empezó a construir 15 meses antes de que los detuvieran. Cada ladrillo, cada saco de cemento, cada varilla, fueron comprados con el dinero que Lorena estaba obligada a depositarle en el Banco Azteca, a Bertha o a Juan todos los lunes.

Juan le puso una cuota y pobre de ella si no la cumplía. Bertha extraía el dinero del cajero automático y le informaba a su hijo de todos los movimientos bancarios.

La única forma en que Lorena no alcanzaba a cubrir la cuota era cuando atendía menos clientes por día o por semana, o durante su período menstrual, al que Juan le daba puntual seguimiento.

Por día de trabajo en la calle Zaragoza, en el centro histórico de la ciudad de Oaxaca, Lorena debía atender de 15 a 20 hombres. Cobraba 170 pesos por servicio sexual, de los que cien estaban destinados para la cuenta impuesta por Juan, 55 para pagar el hotel y 10 para comprar el condón. En cada encuentro con un cliente ella se guardaba cinco pesos, mismos que le servían para el taxi o para comer, aunque cuando reglaba usaba ese dinero para completar el depósito semanal.

En una ocasión que se enfermó de gripe y tuvo que dejar de trabajar, el primo de Juan, que estaba encargado de cuidarla a ella y a las mujeres de otros parientes, le avisó al padrote.

El primo le dio tal golpiza que no tuvo otra alternativa que regresar a la calle de Zaragoza con la nariz roja y temblando de frío por la fiebre.

Mira puta –le dijo Juan vía telefónica desde Tenancingo– si dejas de trabajar, tu hija no va a tener leche ni pañales, así que a putear, que es para lo único que sirves.

El enganchamiento

Hace 30 días que regresó a Chalco, a la casa de su mamá. No se halla en ese lugar. No le dan ganas de levantarse de la cama, ni de comer, ni de bañarse. Recuerda el día que hubo la redada policiaca en el centro histórico de Oaxaca. Eran aproximadamente las nueve de la noche cuando las muchachas empezaron a correr, se escuchó que varios negocios bajaban la cortina, los hoteles apagaron las luces exteriores. Llegaron muchas patrullas y las levantaron.

—Uy, todos en la Zaragoza nos echamos a correr, pero los policías sólo nos agarraron a nosotras. Todos los padrinos se alcanzaron a ir en sus coches y cuando llegamos a la agencia del Ministerio Público nos interrogaron durante horas.

Lorena confesó que ella no estaba ahí por su gusto. Que Juan la obligaba a prostituirse. Dijo en su declaración judicial que ella lo conoció en la estación del metro Hidalgo, en la ciudad de México, adonde ella trabajaba en un negocio de tortas. Él le compró varios días seguidos y cuando le pagaba le decía que era muy bonita, que le diera su número de teléfono y aceptara salir con él.

Fue tanta su insistencia que ella accedió. En la primera cita Lorena le contó que era muy pobre, que apenas había terminado la secundaria y que su mamá la regañaba y le pegaba mucho. En la tercera vez que salieron él la invitó a conocer a su familia en

Tlaxcala. Era el cumpleaños de su mamá y habría fiesta. Le ofreció regresarla temprano a su casa.

Juan tenía un Jetta ruidoso y despintado que, dijo, le vendió un primo. En ese auto se dirigieron a Tenancingo. Cuando llegaron, la mamá de Juan no estaba arreglada y en la casa no había indicio alguno de fiesta.

Anocheció, Lorena se empezó a angustiar porque sabía que iban a tardar en llegar a su casa y su mamá la iba a reprender. Presionó a Juan para que regresaran, pero él la convenció de que se quedara a dormir con él.

El terreno era grande, pero sólo había una habitación a medio terminar y un espacio que hacía la veces de cocina y comedor. No había lugar para que ella se quedara a dormir, pero Juan lo solucionó tendiendo unas cobijas en el piso. Esa noche tuvieron relaciones sexuales, ella no estaba tan convencida de hacerlo pero no supo negarse. Sentía que él era muy cariñoso y no quería lastimarlo.

Al amanecer, Bertha salió del cuarto y le dijo: «Ya eres la mujer de mi hijo, no te puedes regresar a vivir con tu mamá. Te tienes que quedar con él, ya eres su esposa».

Siempre que salía de la casa, era acompañada por Bertha. Un día quiso ir a visitar a su mamá a Chalco y los dos le negaron el permiso.

—Tanto que te golpeaba tu mamá y ahora para qué quieres ir a verla. No, no vas a ir hasta que yo te lleve —le dijo Juan, secundado por su madre.

Al mes de estar en Tenancingo, su esposo y su suegra le contaron que Juan se había quedado sin trabajo y que no tenían dinero ni para comer.

Llegaron de visita un primo y su esposa. A ellos también les hablaron de su situación económica. El primo le dijo a Lorena que ella podía ayudar a su esposo trabajando en el sexoservicio, que sólo así iban a progresar rápido, que únicamente sería por un tiempo.

La esposa del primo le dijo que ella hacía lo mismo y le ofreció enseñarle cómo hacerlo.

A las cinco de la mañana del día siguiente, los cuatro se subieron a un camión de Autobuses de Oriente (ADO) con rumbo a Oaxaca. Allá, la esposa del primo le enseñó a cobrar, a poner el condón a los clientes, le prestó zapatillas altas, una minifalda roja y una blusa muy entallada, negra.

Las dos salieron al mediosdía del cuarto de hotel que los primos rentaron a unas cuadras de la calle Zaragoza. Ambas se pararon en la acera y esperaron la llegada de los clientes.

Ante el Ministerio Público de Oaxaca, Lorena declaró que se negó a dar el servicio a varios hombres hasta que la esposa del primo de Juan se le acercó y le dijo que si regresaba sin dinero su esposo la golpearía porque lo estaba desobedeciendo, así que no podía rechazar a los clientes, incluso le comentó: «Piensa que lo estás haciendo con Juan, haz que acabe rápido el cliente y ya».

Eso hizo durante cuatro años, hasta el día del operativo en la calle de Zaragoza.

Durante el primer año se embarazó de Juan, quien la llevó a parir a la casa de su mamá, en Tenancingo. Cuando Dianita cumplió un mes de nacida, su esposo y su suegra la regresaron a trabajar, de hecho, Bertha le recomendó que trabajara mucho. «Los hijos salen caros y la niña va a crecer rápido. Hay que comprarle leche, pañales, ropa. Tienes que ser muy amable con tus clientes porque de eso depende que tu niña esté bien».

Bertha sabía perfectamente de dónde provenía el dinero que Lorena le depositaba cada lunes.

Un día, Lorena le preguntó a su suegra si no le molestaba que siendo la esposa de su hijo se acostara con otros hombres, a lo que Bertha contestó: «No, porque lo haces por el bien de tu familia, lo mismo hacen mis hermanos y mis sobrinos con sus esposas».

Lorena se talla una y otra vez los ojos, los entrecierra y se limpia la punta de la nariz con la manga del suéter, mientras responde a las preguntas del agente del Ministerio Público: «¿De qué acusas a Juan y a Bertha, su madre? De robarme a mi hija, de obligarme a ser prostituta, de amenazarme, de quitarme todo el dinero que ganaba, de no dejarme volver con mi mamá, de golpearme».

En su lista de acusaciones señala que está más enojada y sentida con Bertha, porque como madre nunca comprendió el dolor que experimentaba al estar separada de su hija, tampoco fue solidaria como mujer, «al contrario, es mala, sin sentimientos, sólo le importan el dinero y su bienestar».

Los llantos de Dianita la hacen volver a su realidad. «Nos robaron tres años de vida a las dos y ya no hay cómo regresar el tiempo. A mí me robaron la dignidad. Los hombres me dan miedo. No quiero que nadie vuelva a tocar mi cuerpo nunca más».

Las mujeres de Noé

La madre de Noé, sus hermanas, la abuela y sus tías son las encargadas de darle de comer a las mujeres que él engancha y que mantiene en cautiverio mientras las tortura sicológicamente hasta convencerlas de que deben prostituirse para él.

Ellas las vigilan y refuerzan el mensaje: «Haz lo que dice Noé porque es muy violento, te puede matar».

La casa de cuatro pisos de Noé, pintada en tono rosa mexicano, está a espaldas del panteón de San Miguel. La fachada, al igual que muchas del pueblo, posee barandales blancos con adornos de cisnes hechos de yeso. Los acabados de las ventanas son de lujo. El zaguán de aluminio impide mirar hacia adentro. Las bardas externas son de aproximadamente tres metros de altura y están protegidas por alambre de púas en círculos. Esa casa sobresale entre las de sus vecinos.

Una barda separa la vivienda de Noé de la de sus padres, por ello, la abuela Rosa, de 72 años de edad, puede atravesarse por la azotea para echarle comida a las mujeres cautivas que le encarga su nieto.

A pesar de la ostentosa fachada, Tere sólo recuerda el cuartucho en el que fue violada y adonde permaneció encerrada. Eso fue lo único que vio durante varios días.

En ese cuarto de azotea, de tres metros cuadrados, durmió, comió y sufrió los primeros quince días tras ser secuestrada. Ahí empezó su cautiverio. Si esas paredes de ladrillo pudieran hablar, darían testimonio de la violencia física y psicológica que vivieron las mujeres que, para su desgracia, tuvieron que pasar por ahí.

El plagio

Tere no conoce mucho de Tenancingo, el nombre de ese pueblo le causa terror. No sabe que cada 29 de septiembre se festeja al santo patrono, San Miguel Arcángel, o que en marzo se celebra el carnaval en el que los hombres jóvenes se enfrentan a latigazos hasta que uno resulta ganador y se le reconoce todo el año como el más macho y viril de la región.

En sus recuerdos de Tenancingo tampoco está el olor a milpa que todavía prevalece en algunas calles, o el sabor de las semitas que venden frente al kiosko, a una cuadra de la iglesia de San Miguel Arcángel, el encargado de defender a la iglesia y de luchar contra los espíritus del mal.

Ella sólo sabe que las mujeres de ese pueblo, al igual que los hombres, viven de explotar a otras mujeres, de obligarlas a prostituirse y para conseguirlo «han aprendido a causar pánico, a amenazar y, si es necesario, ellas también están dispuestas a golpear hasta causar la muerte».

Ocho años anduvo de ciudad en ciudad hasta llegar a Estados Unidos atendiendo las órdenes de Noé. Con ayuda de un joven, que también la maltrataba, logró escapar y regresar a Puebla. Temerosa por la amenazas recibidas durante años, prefirió no hablar sobre lo que vivió con Noé y su familia hasta que lo vio aparecer en las noticias.

—Salté del sillón cuando vi su imagen en la tele. Me dio mucho miedo pero le subí al volumen para escuchar lo que decían.

En el noticiero de la una de la tarde informaron que habían detenido a Noé en Atlanta, Georgia. Las autoridades lo acusaban de trata de personas tanto en México como en Estados Unidos.

Lo presentaron a él y después reprodujeron imágenes del departamento adonde supuestamente tenía a varias mujeres como prostitutas. En la televisión se vio cuando las sacaban del domicilio. Tere logró reconocer a una de ellas, que le presentaron como la esposa de un primo de Noé, también trabajaba como sexoservidora y muchas veces la vio salir muy golpeada del cuarto adonde dormía con su pareja.

Los recuerdos la hacen hablar. Le confiesa a su mamá que Noé la obligaba a lo mismo que a las mujeres que lo denunciaron en Estados Unidos y que ella también quiere declarar ante la policía porque teme que los parientes de él, que viven en Tenancingo, se quieran vengar con ella de lo que le sucede a Noé.

Ambas se dirigen a la ciudad de México para denunciar. Con voz entrecortada y con mucho miedo de que conozcan su identidad y domicilio, Tere relata aquí su cautiverio:

Era el mes de noviembre de 1998, salí de trabajar como a las nueve y media, cuando caminaba hacia la parada de la combi, sobre la avenida Juárez, en el centro de Puebla, sentí que me pegaron muy fuerte en la nuca, me taparon la boca, muy fuerte también, con la mano, y me subieron en la parte trasera de un Jetta.

Me sentía mareada, pero escuchaba las voces de dos hombres que decían: «Espero que esto no valga madres».

Dieron muchas vueltas por el centro de Puebla pero luego se incorporaron a la carretera. Aproximadamente a las dos de la mañana llegamos a la Privada de Ayuntamiento. Me sujetaron de las muñecas y me bajaron del coche a jalones. A los primeros gritos que proferí, me amarraron la boca y uno de los dos hombres me advirtió: «Cállate o te parto la madre».

Uno de ellos abrió la puerta mientras el otro me empujaba hacia el interior de la casa. No se veía nada, estaba muy oscuro. Cuando encendieron la luz pude ver que era una casa muy grande, de varios pisos, de paredes claras y con muy pocos muebles.

Les grité que me dejaran ir, que para qué me querían, que mi mamá era pobre y no iba a poder pagar rescate. Al unísono, los dos me respondieron: «Con el tiempo sabrás porqué estás aquí».

Uno de los hombres me dio un vaso con agua. Lo bebí porque tenía mucha sed. Habían transcurrido cinco horas desde que me subieron al coche. De pronto sentí mucho sueño y cansancio. No supe más de mí hasta el día siguiente cuando desperté desnuda en una cama junto al hombre que ahora sé que se llama Noé. Había sangre en las sábanas y me dolía mucho el cuerpo.

Me quedé en esa cama quince días. Tenía mucho miedo, pensaba en qué explicación le iba a dar a mi mamá de lo que este hombre me había hecho.

Durante esos quince días no supe dónde estaba Noé y a mí sólo me permitían asomarme a la zotehuela porque el frente de la casa estaba cerrado. Miriam y Abigail, sus hermanas, como de unos 18 y 19 años de edad, me vigilaban de vez en vez. Me aprendí los nombres de todos porque en esos años regresé varias veces a Tenancingo.

Doña Fortina, la madre de Noé, se saltaba la barda para llevarle de comer o asegurarse de que no se hubiera escapado. Todos eran parte del negocio: los hermanos, el padre, los tíos, los primos. Cada uno tenía a sus mujeres trabajando en diversos estados de la República Mexicana. Ellos viajaban cada semana. Se transportaban en coche, en avión o en autobús para supervisar a sus mujeres. Entre ellos se ponían de acuerdo para vigilarlas. Se mantenían en constante comunicación para evitar que alguna escapara, dejara de trabajar o, lo más grave, los denunciara.

Sus mujeres tenían prohibido platicar con los clientes, mucho menos entablar amistad con ellos.

Mientras Noé y los hombres de la familia buscaban nuevos mercados para que sus mujeres se prostituyeran, la abuela, la madre y las hermanas, vigilaban a las recién cautivas.

En ese clan hay otras mujeres: las que enseñan a las nuevas a atender a los clientes. Algunas son las supuestas esposas de los padrotes, otras sólo creen que lo son, pero la mayoría han sido víctimas de lo mismo, han sido obligadas a ejercer el sexoservicio. Se convencen de que sólo sirven para eso y desquitan su dolor y su enojo con las nuevas, dice la hermana Juanita, que recorre las calles de Tenancingo tratando de generar conciencia sobre el problema de la trata de personas en la región.

Marcela adiestró a Tere, le indicó cuánto debía cobrar y cómo colocar el condón al cliente. Trabajaba de lunes a domingo de diez de la mañana hasta la una o dos de la madrugada. Noé le exigía dos mil 500 pesos por día, cantidad que sólo pudo reunir en Tijuana, o cuando la trasladó a Los Ángeles, California, adonde cobraba en dólares.

Tere procreó una hija con Noé a los 17 años de edad, doce meses después de que la secuestró. La niña, a la que llamaron Rosita, como su bisabuela paterna, se quedó a vivir con Miriam y Abigail en Tenancingo. A su madre la regresaron a Tijuana a trabajar.

Ella dice que se fue sola en avión a Tijuana. No enviaron a nadie a vigilarla. Dos hermanos de Noé la llevaron al aeropuerto de la ciudad de México. Abigail, que estudia Derecho en la Universidad de Tlaxcala, le dijo en tono amable: «No vayas a delatar a mi hermano, no quieres que tu hija se quede sin padre ¿verdad?».

Antes de pasar los filtros del aeropuerto, vibró su teléfono celular, era Noé, que en un mensaje de texto le decía: «No te pases de pendeja, ni se te ocurra acercarte a los policías porque te estamos vigilando, sabes que soy capaz de matar a tu madre y no dejarte que vuelvas a ver a la niña» [sic].

Lo siguiente fue caminar con la cabeza agachada, temerosa por no saber quién o quienes observaban sus movimientos.

Al llegar a Tijuana ya la esperaba Josué, otro de los hermanos de Noé. La sujetó fuerte del brazo y la sacó del aeropuerto.

Durante el tiempo que estuvo ahí, y luego en California, adonde pasó ilegalmente por el desierto, estuvo vigilada por Orlando, un primo de Noé que también tenía mujeres trabajando para él en la prostitución.

Tere tenía 19 años de edad cuando Noé le rompió las costillas al propinarle una golpiza porque le pidió que la llevara a ver a su hija. Palabra por palabra recuerda lo que le dijo esa noche: «Hija de tu puta madre, tú sólo sirves para talonear, la niña es mía y si quieres volver a verla tienes que traerme dinero, además Rosita ya ni se acuerda de ti, ella piensa que mi hermana es su mamá y no tú que eres una puta barata» [*sic*].

Hubo varias redadas en las calles de Los Ángeles y regresaron a sus mujeres a Tijuana, adonde también hubo problemas con la policía, por lo que trasladaron a Tere al centro de la ciudad de México, a las calles del mercado de La Merced.

Uno de los clientes de esa zona le ayudó a escapar y a regresar a Puebla. Él vivió con ella un tiempo y luego se separaron porque ella no dejaba de pensar en su hija.

Al escuchar las noticias en la televisión sobre la captura de Noé, pensó en Rosita, que ya tendría 12 años de edad y que tal vez sería la oportunidad de recuperarla.

Las costumbres

Desde la azotea de la casa de Carla se alcanza a ver una manta colgada en el kiosko del centro de Tenancingo. Anuncia la presentación de la Sonora Santanera el 29 de septiembre. Durante una semana el pueblo está de fiesta. En las calles vuelven a circular vehículos lujosos, de modelos recientes.

En esos días —dice Carla— es mejor quedarte en tu casa porque vienen esos hombres que explotan a las mujeres y son muy prepotentes. Ellos se sienten los dueños de Tenancingo porque apadrinan la fiesta, hasta le dan dinero al padre para que le haga sus retoques a la iglesia.

Este año le compraron atuendo nuevo a San Miguel Arcángel. Lavaron la ropa de todos los santos. Vino gente de Tlaxcala a repintar las puertas del templo que son muy viejas y requieren un cuidado especial. Hasta el piso recibió su manita de gato, continúa Carla.

Y es que aquí los que tienen dinero son los padrotes, comenta Joaquín, un temeroso anciano que ya no se halla viviendo en Tenancingo porque la gente es muy agresiva. «Ya nada es como antes, en la feria siempre hay muertos porque ya ebrios se agarran a balazos por deudas de mujeres».

A Carla se la trajo Javier, su esposo, como ella le dice al hombre que se la robó de un municipio del Estado de México. La señora a la que reconoce como su suegra, doña Mary, le quitó a sus dos hijos, niño y niña, mientras ella se prostituía en diversos lugares del país para enviarle dinero a Javier, quien era drogadicto y alcohólico.

Su suegra y sus cuñados la golpeaban cuando iba a Tenancingo, en represalia por no haber enviado suficiente dinero, hasta que conoció a un hombre que le ofreció hacerse cargo de ella y de sus hijos, pero debía dejar de trabajar como sexoservidora.

Doña Mary se enteró de los planes de Carla y le propuso apoyarla para que se quedara en Tenancingo a cuidar a sus hijos. Le vendió un terreno adonde la joven construyó una casa de una planta y estableció un negocio de arreglos florales en el que trabajan Javier y ella.

—La vecina de junto —que vive en una casa de cuatro pisos, a la izquierda de la suya— tuvo años atrás una tienda de abarrotes. Sus hijos eran pequeños, pero desde que el tío los enseñó a arrear mujeres ella ha cambiado muchísimo. Cerró la tienda y empezó a construir hacia arriba. A mí me dejó de saludar porque le prohibí a mi hijo que se juntara con esos muchachos.

Carla es una mujer muy bajita de estatura, menudita. Hace unos años tuvo un accidente en el que se fracturó el tobillo y desde entonces arrastra el pie al caminar.

Es reservada para platicar de su pasado, pero es más cuidadosa al hablar sobre las costumbres de Tenancingo.

—Aquí la mayoría se dedica a la explotación sexual de mujeres. A mi hijo lo querían meter en eso porque andaba sin trabajo. Es que la gente lo ve normal, como la vecina que hasta presume que ella compra la ropa que usan las mujeres de sus hijos.

A una cuadra de la casa de Carla están dos hoteles de paso. Uno de cinco pisos y el de enfrente, de cuatro, sobresalen de la arquitectura general del pueblo. En los dos hay letreros en los que ofrecen habitaciones a cincuenta pesos por tres horas.

Con amabilidad, y agradecida con Dios porque la rescató de la vida que llevaba, se lamenta de haber trabajado como sexoservidora porque aunque en el pueblo mucha gente se dedica a lo mismo, siempre hay quien critica.

—Una novia terminó su relación con mi hijo porque era «hijo de una prostituta», eso me dolió mucho, le rompieron el corazón a mi muchacho y él qué culpa tiene de los padres que le tocaron.

Tiempo sin retorno

«A veces siento que odio a mi hijo porque su carita me recuerda mucho a su padre, por eso le pego y luego me arrepiento, porque el niño no tiene la culpa de nada, pero tengo mucho coraje por dentro y por eso me desquito con él. No sé qué hacer, por favor ¡ayúdenme!», confiesa Patria.

Ella y su pareja, Carlos, leyeron en un periódico que la policía del Distrito Federal había detenido a una banda de lenones que obligaba a mujeres a prostituirse, y ofrecían ayuda psicológica a las víctimas de trata de personas.

Ayuda psicológica es lo que necesitamos, le dijo Carlos a Patria. Tienes que denunciar, no podemos seguir así, hay que aprovechar esta oportunidad, insistió.

Tres días después, Patria accedió. Encargaron a los niños con la vecina y se fueron en taxi a la procuraduría.

En ese primer encuentro, Patria no quiso entregar su identificación, ni pasar con el médico legista, ni con el psicólogo para que la valorara emocionalmente. Sólo dijo que había sido obligada por un varón de nombre Daniel y por su madre, Elodia, a prostituirse durante 14 años.

Las incesantes preguntas de la autoridad la incomodaron y decidió dar por terminada la diligencia.

Por la gravedad de sus declaraciones y su insistencia en suspender la denuncia, la agente del Ministerio Público que la atendía le habló sobre las consecuencias emocionales que iba a tener por siempre si no obtenía ayuda. Nada la hizo cambiar de parecer y se fue, aunque se comprometió a regresar para ratificar la acusación contra Daniel y Elodia. Haber dado el primer paso la había agotado lo suficiente como para querer regresar a su casa en el norte de la ciudad de México.

Una semana después, en una oficina de dos metros cuadrados, frente a una mujer que tecleaba cada palabra, Patria, con un marcado acento guatemalteco, revivió los últimos 14 años de su vida.

Vestido con su camisa blanca y una corbata con el emblema de la compañía de autobuses de pasajeros en la que trabaja, Carlos le acerca un pañuelo de papel para que se seque el rostro, o le aprieta la mano derecha al escuchar el relato de las golpizas que durante más de una década le propinó a su mujer el hombre que la conquistó en 1998, a las afueras de una empresa platanera en Tapachula, Chiapas.

Con voz entrecortada recuerda la vez en que otra de las mujeres que Daniel prostituía en uno de los hoteles de la zona de La Merced, se escapó.

—Me dijo que la vigilara, pero mientras yo me ocupé con un cliente ella se fue. No sé adónde, cuando salí del cuarto la busqué en la esquina de San Pablo, adonde siempre estábamos paradas, y no la vi. Le marqué a su celular, bueno, al celular que ocupábamos para comunicarnos con Daniel, y me mandaba a buzón. Me asusté porque Daniel me había dicho que si América se escapaba me iba a matar a mi.

Después de recorrer por horas la zona, se resignó a que América había huido y le avisó a Daniel.

—Hija de tu puta madre, te voy a matar, te lo dije —le advirtió vía celular.

La camioneta X-trail verde llegó en menos de media hora, su corazón aceleró sus latidos y su cuerpo se estremecía por el recuerdo de los puños de Daniel sobre su rostro.

—Súbete perra, ahora sí me la vas a pagar —sentenció el delincuente.

Muda, subió a la camioneta y sintió el primer jalón de pelo.

Al llegar al cuarto de hotel que Daniel rentaba a unas cuadras de San Pablo, la pateó en el estómago, en la cara y en la cabeza, hasta que ella perdió el sentido.

Unas horas después, cuando volvió en sí, ya estaba acostada sobre la cama y cubierta con la cobija vieja y maloliente del hotel.

—No te voy a matar, no soy tan pendejo. Tú eres mi minita de oro, pero a veces te pasas de pendeja y te tengo que recordar quién manda aquí.

Patria no sabía que estaba embarazada de Daniel, pero la golpiza le provocó un aborto, por lo que tuvo que descansar unos días en la casa de su suegra, Elodia, en Tenancingo.

—Esa señora sabía lo que hacía su hijo conmigo porque veía cuando él me pegaba y siempre me decía delante de ella: «Tú sólo sirves para putear, pero te haces pendeja y no quieres. ¿Verdad mamá que ésta sólo para eso sirve?». Y ella le contestaba siempre que sí.

Con los puños bien apretados y el rostro enrojecido de tanto llorar cuenta cómo su suegra se burlaba de ella: «Eso te ganas por no hacer lo que Daniel te ordena. Las guatemaltecas como tú son bien putas, no te hagas la muy santita y ponte a talonear, me decía» [sic].

Vigilada por Daniel y su madre, permaneció 14 años bajo ese yugo. Fue tal el miedo que le tenía a ambos que a veces la enviaban de Tenancingo al Distrito Federal sola y ella no era capaz de escapar. Cuando esos pensamientos pasaban por su mente temblaba al recordar lo que Daniel le advertía: «Si te vas mato a tu mamá y a tus hermanas en Guatemala, sé bien dónde viven».

En uno de esos viajes platicó con Carlos. Tenía el rostro amoratado por los golpes y él le preguntó qué le había pasado, ella no se atrevía a decir nada, pero Carlos insistía.

En otro viaje le volvió a preguntar qué le había sucedido en el brazo, porque lo tenía lastimado, y ella se arriesgó a decirle que el hombre con quien vivía la golpeaba y la obligaba a prostituirse.

Carlos le dijo que no quería saber más y permaneció callado el resto del viaje. En la siguiente coincidencia, él le ofreció su casa, ella aceptó, pero tuvo que regresar a Tenancingo a recuperar a su pequeño hijo, producto de un embarazo que se aferró a concluir en contra de la voluntad de Daniel y de Elodia, quienes le quitaron al niño recién nacido y sólo se lo dejaban ver el día que ella le llevaba las ganancias.

Apoyada económicamente por Carlos y con dinero producto del sexoservicio, regresó una semana después. Elodia se salió confiada al mercado. Dejó la puerta sin candado y Patria aprovechó para huir corriendo con el niño en brazos. Carlos la esperaba a unas cuadras.

De esa huida han pasado dos años. Con Carlos tiene un bebé de tres meses, pero entre Patria y Omarcito, el hijo que tuvo con Daniel, persiste el recuerdo del maltrato y eso ha generado lo que ella define como odio contra su primogénito.

El diagnóstico sicológico describe a Patria como una mujer con problemas para reintegrarse a una familia, agresiva e insegura en su relación con la sociedad. En extremo desconfiada, severamente afectada en sus emociones, y con síndrome de anhedonia, es decir, con dificultad para sentir placer como consecuencia de los hechos de violencia a los que estuvo sometida por más de una década. Teme tanto en la vigilia como en las horas de sueño que un día el proxeneta la vuelva a localizar.

Relata que uno de sus sueños recurrentes es que ve a Daniel burlándose de ella, amenazándola con quitarle a su hijo y recordándole que es una puta.

Dispuesta a todo, Patria sale de la agencia del Ministerio Público, llega a su casa y busca en el fondo de su ropero el viejo celular que Daniel le dio para mantenerla controlada.

Lo enciende y marca al número de Daniel, pero está fuera de servicio. El siguiente contacto es del primo de Daniel, que se dedica a lo mismo y que a veces era el encargado de vigilarla. Le llama a Beto y éste le contesta: «¿Dónde andas mujer? Aquél está bien encabronado contigo por traidora ¿Por qué te fuiste y te llevaste al niño?».

Después de escuchar los reproches de Beto, Patria le pregunta por Daniel y éste le contesta que está en Chiapas, «consiguiendo a otra vieja».

—¿Cuándo regresa?

—El sábado ¿por qué, te vas a regresar con él?

—Sí, ya lo pensé bien y el niño debe crecer junto a su padre. ¿Si te marco el sábado me lo pasas para hablar con él?

—Pos a ver si lo convenzo, pero igual me hablas. [*sic*]

—Gracias Beto.

—Sale.

Con esa información regresó a la procuraduría. Ansiosa, les dijo que hablaría el sábado para concertar una cita con él, y tal vez sería la oportunidad para que lo detuvieran.

Así llegaron al sábado, esperando únicamente la hora de la llamada.

—Bueno, sí. ¿Beto?

—Sí, espera, te lo paso.

—¿Dónde madres estás hija de la chingada. Por qué te largaste y te llevaste a mi hijo? [*sic*]

—Estoy en el Distrito Federal.

—Me debes mucho dinero y me lo tienes que pagar. Todo el dinero que has estado ganando en la puteada es mío, prostituta barata. ¿Cuándo me lo das? Te veo el sábado en la central de autobuses de Puebla, y ahí me entregas el dinero y al niño. Te advierto, hija de la chingada: no hagas pendejadas, porque puedo matarlos a ti y a tu familia.

Fue una semana de muchos sentimientos encontrados. Temía que algo saliera mal.

Se vistió con jeans y una blusa sencilla, agarró a Omarcito de la mano y se enfiló a la central de autobuses de Puebla. Sabía que desde que salió de su casa era vigilada, muy de cerca, por dos oficiales de la procuraduría.

El trayecto duró dos horas por el tráfico que se acumulaba en la salida de Puebla. El niño se durmió y ella se ensimismó en sus recuerdos y en sus temores de que algo pudiera fallar. Parecía un plan perfecto, y eso era lo que le generaba más desconfianza. Conforme avanzaba, el corazón se le aceleraba un poco más. Sentía que un sudor frío le recorría el cuerpo. La palma de sus manos estuvo húmeda durante todo el camino.

Mientras los demás pasajeros bajaban del camión, ella buscaba con desesperación, desde su asiento, a los oficiales de la policía.

Trató de despertar al niño, pero Omarcito estaba profundamente dormido, así que lo tomó en brazos y bajó del autobús. Se encaminó hacia la entrada de la central de autobuses conocida como CAPU, y esperó a Daniel.

Entre decenas de personas lo vio venir con una playera tipo polo color blanco, jeans azul claro y tenis blancos. Sintió dolor en el estómago, que se intensificaba a cada paso que daba Daniel.

Estando frente a ella le quiso quitar al niño por la fuerza y enseguida se acercaron los dos policías que los estaban observando.

Lo trasladaron al Distrito Federal, lo procesaron y lo sentenciaron por trata de personas. Su madre, Elodia, también está presa por los delitos cometidos en contra de Patria.

Bienes para las víctimas

Los hermanos Carreto, los Rugerio Saucedo, los Sampeiro y los Tzompantzi Serrano tienen mucho en común: son originarios de Tenancingo; se dedican como grupo familiar a la explotación sexual de mujeres, y tres enfrentan procesos penales tanto en México como en Estados Unidos por haber delinquido contra las mujeres a quienes juraron amor eterno.

Lucía, una víctima de los hermanos Rugerio Saucedo, daba un servicio sexual cuando escuchó gritos afuera del cuarto. Se oyó gente correr, el cliente apenas se alcanzó a poner los pantalones, ella se bajó la falda y trató de salir por la ventana cuando sintió el brazo fuerte de un policía que en inglés le ordenó que no se moviera.

La subieron a una patrulla junto con el cliente. Al llegar a la estación de policía pensó que se iba a encontrar a las mujeres con las que compartía la pequeña vivienda. Eran las esposas de sus cuñados, quienes también se prostituían obligadas por sus esposos, igual que ella por Saúl, pero no estaban ahí.

Permaneció horas en una celda, hasta que una mujer policía con acento puertorriqueño abrió la reja y se sentó en una banca de cemento. ¿Desde cuándo vives ilegalmente en Estados Unidos? Le preguntó.

Ella tenía miedo de responder porque Saúl la tenía amenazada: «Si te agarran te callas el hocico, no se te ocurra meterme en problemas con los gabachos porque te mato» [sic], le dijo en varias ocasiones.

Las incesantes preguntas de la policía se quedaban sin respuesta porque ella permanecía callada, hasta que sintió el dolor que ya padecía desde tiempo atrás y se dobló sobre la cama de cemento.

—¿Qué le pasa? Dígame, déjeme ayudarla. Mire qué pálida se puso. ¡Cuénteme que le sucede! Le prometo ser reservada y ayudarla.

Le dijo que hacía tiempo que tenía dolor y ardor en la vagina, y que se había intensificado.

—¿Desde cuándo lo siente?

—Hace meses.

—¿Ha ido al médico para que la revise?

—No, claro que no. Mi esposo no me lo permitiría.

—¿Por qué?

—Él es muy celoso y a veces me pega. Me da miedo que se dé cuenta de que tengo dolor en la vagina.

—Pues seguro uno de sus clientes la contagió, ¿no cree? ¿Usa condón cuando está con sus clientes?

—Sí, casi siempre.

—Mire, como le prometí, la voy a llevar con el médico que tenemos aquí para que la revise, ¿qué le parece?

—Está bien, porque me duele mucho y mi esposo no se va a dar cuenta.

La revisión médica arrojó que Lucía padecía gonorrea, una enfermedad de transmisión sexual con múltiples consecuencias.

El impacto de la noticia enojó tanto a Lucía que se atrevió a decirle a los agentes que ese al que llamaba su esposo era un hombre que la enamoró en Guadalajara, Jalisco, cuando ella tenía 17 años de edad, y que desde hace cinco años la obligaba a prostituirse. Le quitó a su hijo y se lo llevó a Tlaxcala, con su madre María, y que al igual que ella están las esposas de sus cuñados.

Esa declaración generó una alerta entre policías de Estados Unidos y de México para ubicar a los hermanos Rugerio Saucedo, a su madre y a los hijos de las tres mujeres, entre ellos el de Lucía.

Las tres recibieron una visa humanitaria para permanecer en Estados Unidos, y tras meses de espera, recuperaron a sus vástagos.

El juez que sentenció a dos de los hermanos Rugerio Saucedo, excepto a Saúl que sigue prófugo de la justicia, ordenó que se vendieran las tres casas que se construyeron con el producto de su trabajo y se les repartiera el dinero como reparación del daño causado. Este hecho está pendiente de realizarse a dos años de emitida la sentencia. El daño no ha sido reparado.

6

Palacios para proxenetas o celdas para las víctimas

En Tenancingo, las casas de los padrotes no son sólo palacetes de mal gusto y escasa calidad. Son también trofeos, faros y puntos de referencia de lo indecible; castillos con un lenguaje propio que se alimenta a sí mismo en la medida en que el delito crece y clava nuevos cimientos en estas tierras.

En sus secciones y en las calles polvosas que rodean este o aquel edificio, se siguen tejiendo historias que las piedras, las varillas, el cemento y la cal esculpen, mientras los padrotes sofistican sus técnicas delictivas, aprenden a ocultar sus huellas, evaden testigos, blindan sus pasos por el pueblo, crean una comunidad que empieza a moverse sin ser vista; dinámica y constante, de casa en casa, de patio en patio, entre muros, fuera de la calle, fuera de la ley, silenciosa, impune.

Aquí, las casas de los padrotes más ostentosos tienen un estilo arquitectónico –si la palabra y el concepto son válidos– que los define ante ellos y ante sus rivales de oficio: sus diseños esconden secretos o mensajes en clave, porque los alerones o puntas que delimitan sus tejados en realidad indican cuántas mujeres tienen, a cuántas manejan o han controlado en Tenancingo o fuera de ese lugar.

Los remates en punta de cada casa son al mismo tiempo mensajes para los padrotes de las otras secciones o barrios, para que sepan, para que vean quién tiene más mujeres que trabajan como prostitutas para ellos, para medir fuerzas y quede claro qué familia manda en Tenancingo.

Las casas más altas, las que poseen muchas ventanas, cornisas y tejados de ladrillo, que la gente señala en silencio como mansiones que son propiedad de los padrotes, son también faros con los que se puede trazar un mapa rústico, pero certero, para saber en dónde y cómo es que la trata de personas se ha apropiado del territorio y se ha extendido de todas las formas posibles.

Lujo más allá de la vida

Algo similar ocurre en el cementerio municipal de Tenancingo, con sus tumbas simples, sembradas humildemente en una tierra que la hierba alta comienza a querer ocultar, pero que cede ante las construcciones con techo de dos aguas, colores chillantes, enrejados y dedicatorias aparentemente sin un doble mensaje.

En el panteón, las cruces de metal o de madera con las fechas de nacimiento y muerte de la persona, prevalecen en el paisaje.

Las cruces empotradas en los mausoleos muestran, como el resto, el nombre del fallecido, su fecha de nacimiento y de defunción. Tienen inscrita también la infaltable frase «DESCANSE EN PAZ», junto a: «RECUERDO DE SUS PADRINOS».

Este pequeño texto no tendría nada de extraordinario y sí mucho de común en cualquier otro panteón del país, pero lo cierto es que en el argot de esta pequeña ciudad un padrino es quien inició a otro en el mal oficio de padrotear.

Los familiares de los difuntos de Tenancingo se esmeran en despedir a sus muertos con todo el lujo posible. Las ropas llamativas y las joyas que usaron en vida los acompañan a su última morada.

En los velorios, la caja permanece abierta para que toda la gente pueda ver que el difunto era una persona con poder. La presunción mostrada en las casas y los autos, que se percibe durante un recorrido por Tenancingo, se reproduce durante las ceremonias de velación y entierro. «Se comportan como verdaderos faraones, sus familias se prestan a eso porque viven de la apariencia y el engaño», asegura un cuidador del camposanto.

Algunas de las tumbas multicolores y con muy diversos estilos arquitectónicos mezclados cuestan más de cien mil pesos, por la calidad de los acabados y el tamaño del terreno, asegura el panteonero quien durante la plática se mantiene inquieto porque teme que alguien lo escuche juzgar los rituales mortuorios de los padrotes y sus familias.

Capillas, construcciones con techos de dos aguas, cuartos finamente acabados con mármol, tirol en paredes y techos, maderas finas, recubrimientos, puertas y ventanas de metal, hierro forjado, cristales polarizados y otros materiales de lujo, contrastan con las tumbas a ras de suelo abandonadas, como sus moradores.

El enterrador asegura que en Tenancingo a la mayoría de la gente no le preocupa el gasto que deba hacer para que la tumba de su familiar sea la más llamativa, grande y costosa de todo el panteón, además de que la autoridad municipal les permite apropiarse del terreno que deseen para edificar el sitio en que descansarán eternamente.

De acuerdo con un documento publicado en la página de internet del municipio, los ciudadanos no tienen que pagar ni el mantenimiento ni los servicios del lugar, porque el monto de la cuota está pendiente, como sucede con la renta o venta de los espacios que ocupan entre 20 y 50 metros cuadrados.

Un funcionario del municipio, que prefirió no revelar su nombre, comentó que si alguien del pueblo muere, la autoridad permite que lo sepulten en el panteón del pueblo de forma gratuita. «Los familiares se encargan de rascar y hacer su tumba de acuerdo a sus posibilidades (económicas)», dijo.

–¿Es una tradición construir las tumbas como si fueran casas pequeñas?

–Sí, es tradicional, aquí hay familias que tienen dinero y hacen unas capillas muy lujosas y bonitas.

Los símbolos de la comunidad

Pero el escenario de la simbología creciente en Tenancingo va más de allá de edificaciones altas o lujosas. Las mansiones de los padrotes, las que se les conocen en el pueblo, comparten espacio, formas y significado con otras casas suyas o de sus familiares.

Estos proyectos están en obra negra a propósito. Permanecerán así mucho tiempo, sin pintura, con la cancelería y los herrajes incompletos, con techos de lámina o cemento en lugar de las tejas y los acabados de las casas más grandes, porque así lo han decidido los padrotes.

La razón es más poderosa que sencilla, más dramática y culposa que práctica. Las casas en obra negra sirven para recordarle a las mujeres que trabajan como prostitutas que las construcciones no están terminadas porque el dinero para acabarlas es el que ellas tienen qué conseguir manteniendo relaciones sexuales con los clientes.

El mensaje es doble, porque las construcciones están a la vista de los competidores y lo ven quienes saben a qué se dedican los dueños de esas casas.

Se trata de una falacia y constituye una trampa permanente porque sirve para advertirle a las chicas que lo que hacen es insuficiente, que siguen en deuda con el padrote que las engañó, enamoró, violó y embarazó, y que las retiene para que generen más dinero que sirva para acabar de construir la casa, e incluso para comprar su propia libertad.

También implica un fraude, porque las cinco o veinte mujeres que se prostituyen para el padrote, o para sus hermanos, o para sus compadres, para la familia que las retiene, realizan entre 30 y 70 servicios al día, con lo cual es posible obtener hasta 10 mil pesos semanales por cada chica. Con este dinero, multiplicado por el número de sexoservidoras mencionado, se pueden construir en un año de dos a cuatro mansiones.

Un paseo por la «nube»

Penetrar en Tenancingo para caminar las calles en las que están las casas de los padrotes implica serios riesgos. Puede hacerse si se va acompañado por las personas correctas, quienes conocen a

112

fondo el drama que la trata de personas ha generado en este lugar desde hace cuatro décadas.

Uno puede turistear por el lugar si llega unas semanas antes de la fecha del carnaval (entre febrero y marzo) y fotografiar las ferias de artesanía, de alimentos o de lo que sea que haya en Tenancingo en los días previos a la festividad.

Seguramente saldrá bien librado si sólo captura imágenes en sitios muy céntricos, visitados por turistas de fin de semana. Pero si la intención es caminar por las calles aledañas y fotografiar las construcciones acabadas o las que están en obra negra, la historia es otra. Los padrotes tienen súbditos que reciben dinero a cambio de vigilar la actividad de extraños en la zona, de fuereños con cámaras de foto o video, que preguntan y buscan historias tentando a la suerte en busca de alguna chica, una prima, una hermana, una tía, una amiga que se atreva a platicar lo que ahí sucede.

Pero hay otras formas de hacerlo. La tecnología informática permite darse una vuelta por las calles de Tenancingo para descubrir a unos cuantos pasos las mansiones de los padrotes, sus casas inacabadas, sus negocios alternos, legales, con los que se mantiene la fachada de alguna actividad comercial lícita.

La aplicación Google Earth (Street View) de Google posibilita, con las limitaciones legales del caso, navegar la mayoría de las calles de Tenancingo a pleno día, sección por sección, para ver muy de cerca los lugares adonde viven los padrotes, los sitios en donde están ocultas las mujeres que ejercen la prostitución en ciudades como el Distrito Federal, Puebla, Tlaxcala, Guadalajara y en otros puntos de Estados Unidos como Los Ángeles, Atlanta, Denver, Nueva York y Miami.

Navegando en el ciberespacio hacia la Tierra se llega a México, a Tlaxcala y a Tenancingo, hasta ubicar sus calles mediante la herramienta de geolocalización. Se puede recorrer virtualmente —de día y en la versión más reciente de la aplicación— la Calle 2, Sección Tercera, y ver las marcadas diferencias entre las casas de madera y sus muros de piedra sobre piedra que contrastan con las edificaciones de dos pisos, árboles recortados como cubos, techos de dos aguas (un poco chuecos), balcones de mampostería y ventanales cuadrados, circulares, de media luna y vidrios polarizados.

Más cerca del centro de Tenancingo está la Avenida 5 de Mayo, en la Sección Cuarta. En realidad es una calle estrecha con varios comercios pequeños que desemboca en una esquina de la parroquia de San Miguel Arcángel, sitio en el que confluyen todas las camadas de festejantes del carnaval para arremeter con todo sobre los rivales de otras secciones.

Las tomas de Google Earth fueron hechas en 2014. Explorando la aplicación es posible distinguir con detenimiento las casas de los padrotes sin temor a equivocarse.

Reportes de inteligencia policial apoyados con fotografías, direcciones, nombres de familias y organizaciones dedicadas a la trata de personas y al lenocinio, dan detalles del panorama que un paseo virtual apenas alcanza a mostrar.

El documento *Operación Tlaxcala* menciona a la organización o grupo conocido como Los Panes, integrado en principio por cinco personas, todos ellos familiares. Es una de las organizaciones que más ganancias ha obtenido por la trata de personas y el lenocinio, según el reporte policiaco. Una de sus casas está en la Calle Tercera Poniente, en la Sección Segunda de Tenancingo. Este grupo utiliza tres vehículos, dos con placas de la ciudad de México y uno más con placas del estado de Puebla.

La foto en el expediente muestra una casa grande, de dos o tres niveles, con una fachada amplia, una puerta extensa rematada por una cornisa que enmarca la cochera. Una balaustrada en color blanco y un ventanal considerable ocupan el primer plano de la fachada de la vivienda, en lo que parece ser la habitación principal. Luego, en un nivel superior, otro cuarto termina con el alero de un techo de dos aguas, como ocurre con casi todas las construcciones grandes del lugar.

Si uno se detiene frente a la residencia, verá que detrás de la barda del lado derecho hay un jardín en el que las copas de dos pinos sobresalen bastante por encima de la construcción. Junto a la fachada, con acabados de cantera, hay una accesoria siempre cerrada y otro domicilio de dimensiones parecidas, con el frente en blanco y acabados parecidos a los de la primera.

Entre la comunidad de padrotes de Tenancingo aparece el grupo de Los Cabeza de León, integrado por familiares cuya morada principal está cerca de la carretera Panzacola-Tenancingo. Esta construcción (una de tres con las que cuentan) ocupa un predio que da a la calle en contraesquina de la parroquia de Tenancingo.

Un portón metálico de color negro es la entrada de la propiedad. A la izquierda hay una ferretería y tlapalería, y enfrente está una farmacia que abarca las dos esquinas de la calle.

Del otro lado de la plaza, en donde está la parroquia de Tenancingo, se encuentra la Calle 16 de septiembre, en la Sección Segunda. Ahí, según el reporte de la policía, opera la banda de Los Petroleros.

Las fotos muestran una calle en la que destaca una casa con la fachada pintada en verde pistache, con dos rejas blancas, balcones corridos que rebasan el frente de la construcción. Una barda blanca grafiteada y otra casa de dos pisos con el frente en color café flanquean ese domicilio.

Más escondida y difícil de fotografiar es la propiedad de la organización RJ, ubicada en la Calle 3 Poniente, en la Sección Segunda. Con la fachada en color azul cielo, una enorme barda lisa cerca el portón metálico, cubierto por un techo de concreto a dos aguas. Sobre la angosta acera, un poste de luz sirve como punto de referencia adicional en una calle donde la única edificación que tiene pintada la fachada es esa.

En la colonia La Victoria, luce la mansión de otra familia de padrotes, quienes en ese lugar resguardan a las jovencitas que secuestran o enamoran. Ahí es adonde las ablandan para que, quieran o no, se dediquen al sexoservicio.

Las entrañas del palacete

Descubrir lo que sucede al interior de las viviendas es algo que ninguna aplicación de internet permite. Las declaraciones ministeriales de las mujeres plagiadas, engañadas o amenazadas para obligarlas a prostituirse abren las puertas de estas casas y completan el cuadro que perfila cómo son los lugares adonde los padrotes de Tenancingo someten con violencia, algunas veces extrema, a las jovencitas que obligan a trabajar para ellos.

Una vez adentro de las casas, las mujeres son tratadas, sin tregua, con violencia verbal, con golpes y amenazas de muerte. Frases como «a ver tú, pendeja», «ya cállate, idiota», «no llores, pinche estúpida» o «¿no te dije que te callaras?, nadie va a venir a ayudarte», es el lenguaje común, el día a día con el que los proxenetas y sus amigos, familiares o ayudantes, someten a las víctimas hasta degradarlas, hasta destrozar su autoestima y tenerlas bajo control ya sea por medio de amenazas o a través de la agresión física, extrema en ocasiones, imborrable.

En su testimonio ante el agente del Ministerio Público Federal, Laura relata cómo fueron sus primeros minutos de cautiverio al llegar a Tenancingo, a la casa que estaba a cargo de El Chaparro.

Ella recuerda que llegaron en un coche conducido por El Chaparro, quien, armado, no desaprovechó la ocasión para mostrarle la pistola que portaba en la cintura, lista para usarse, intimidándola desde que pusieron un pie en el palacete.

El Chaparro se bajó del coche y abrió el portón, para luego ordenarle a El Conejo (otro hombre que los esperaba adentro de la casa) que metiera el auto y cerrara. Era una casa con planta baja y primer nivel, de color naranja, con cochera y un enorme jardín con una fuente. Sólo estaban ellos tres. Con la pistola en la cintura y la mano sobre ella, lista para desenfundar si era necesario, El Chaparro le ordenó a la mujer que lo obedeciera. Laura explica en su declaración que no tuvo otra alternativa más que acatar y entrar en la casa.

Ese lugar que para el padrote representa el triunfo de sus actividades, para Laura simboliza el temor a perder la vida, a la violencia, a lo desconocido. Esas paredes construidas con el dinero obtenido por la venta y explotación sexual de mujeres, se convierten en el cautiverio de las víctimas. Encerradas, más que por candados, por miedo, pasan días y noches anhelando recuperar su libertad.

116

En la sala el mobiliario era simple y hasta básico: un sofá y una televisión «muy grande» ocupaban el espacio. Más adelante, un comedor y la sala perfilaban otro espacio en el que todo parecía normal, o al menos no fuera de lo común. No era así. Ahí Laura fue violada física y emocionalmente. Entre esas paredes conoció la crueldad de un hombre del que no conocía ni su apellido, pero con el que tuvo que dormir encerrada bajo llave.

El padrote compartía esa casa con sus padres, sus hermanas y sobrinas. Todos sabían que tenía encerrada a su víctima en turno. Para todos era normal que El Chaparro tuviera mujeres ahí. Seguramente escuchaban cuando las golpeaba o las maltrataba verbalmente porque su casa estaba a unos pasos pero ellos también eran parte del clan.

Laura evoca que, incluso, El Chaparro poseía droga. En el comedor, en lugar de alimentos, había bolsitas con cocaína. Cuando los padrotes se percataron de que la joven miraba con mucha atención los paquetes, le ordenaron que se fuera a la cocina a prepararles café. «Ve tú, pendeja, a hacer café allá, a la cocina» [*sic*], le dijeron. Ella seguía llorando. Hizo lo que le ordenaron y más tarde los padrotes salieron de la casa dejándola encerrada bajo llave. Cuando regresaron, le ordenaron que subiera para cambiarse de ropa. En la parte de arriba había tres habitaciones y un baño completo. En uno de los cuartos, amueblado lujosamente y con mucha ropa de mujer sobre una cama matrimonial, fue obligada a bañarse delante de El Chaparro.

Después de asearse y vestirse con ropa de una «sobrina» de El Chaparro, Laura fue llevada a la casa de los padres del proxeneta, ubicada en el patio.

No hubo necesidad de salir a la calle, de subir de nuevo al coche o de esperar a que se hiciera más tarde para andar por las calles de Tenancingo.

«El sujeto abrió la puerta trasera de la casa que tenía llave y me dijo: sígueme. Caminamos hacia la parte trasera de su casa y en el mismo terreno se encuentra otra casa, la cual es más pequeña y no era tan lujosa como la casa de El Chaparro». No pisaron la calle porque ambas están conectadas por dentro.

Otro testimonio recogido por el Ministerio Público Federal es el de Gloria, a quien su explotador primero enamoró y después amenazó para llevarla con engaños a Tenancingo y más tarde a La Merced, para obligarla a prostituirse.

Gloria conoció al proxeneta en un pueblo del estado de Jalisco. Su edad (ella tenía 15 años) y la manera en que platicaba y se ganaba la confianza de las jovencitas le resultaron atractivos. Se hicieron novios rápidamente y en cuestión de semanas, con engaños, la convenció de que lo acompañara a visitar a sus padres en Puebla, de donde señaló, era originario.

Un día le dijo sin más que se fueran ya, que no tenía tiempo para quedarse y que confiara en él. Viajaron en el coche de Joel hacia Puebla, pero en realidad la llevó a Tenancingo, adonde llegaron en las primeras horas del día. Ella nunca había salido de su pueblo y no tenía la menor idea de en dónde estaba.

Al Ministerio Público, Gloria le dijo que la casa del hombre que la había traído tenía «dos pisos, al entrar hay una sala, también hay un comedor, una cocina, un tipo de cantina y al fondo hay un patio, mientras en la parte de arriba hay tres recámaras y un baño».

La casa, explicaba Gloria a la autoridad judicial, «tenía todos los acabados terminados, contando con todos los servicios, es decir, agua, luz, drenaje y todo lo necesario para vivir en ella […] también estaba amueblada totalmente, teniendo algunos lujos en ese tiempo, como lo era tener una pantalla grande, de las que tienen mueble, no como las actuales, que son planas o de plasma» [sic].

Esa noche Gloria y Joel, de quien nunca supo sus apellidos, tuvieron relaciones sexuales por primera vez. El sujeto le dijo que llamara por teléfono a sus padres para que supieran que ella estaba bien y en dónde se encontraba.

El problema era que la familia de Gloria no tenía teléfono y en ocasiones una vecina les daba permiso de usar el suyo para recados urgentes. No había forma de contactarlos.

Para que la chica no se sintiera mal, Joel le pidió que se quedara a vivir con él, porque le gustaba mucho estar con ella, le agradaba su compañía. Me dijo que «quería hacer una vida juntos», le explicó la joven el Ministerio Público.

Un 15 de abril, ya instalada en la casa de Tenancingo, Gloria conoció a los padres y hermanos de Joel. Conforme avanzaban las semanas y los meses, ella se dio cuenta de que había habitaciones cerradas todo el tiempo y áreas de la casa a las que no iban nunca, o al menos ella no tenía acceso.

Hacían la comida en la casa de la mamá de Joel. Dormían siempre en la misma recámara de la casa grande pero sin abrir puertas u ocupar otras habitaciones. A Gloria siempre le dijo que se dedicaba a decorar techos y hasta le enseñó, durante los primeros días, algunas fotos de lo que había hecho últimamente.

La nueva vida de Gloria parecía marchar bien hasta que, en mayo, Joel le dijo que tenía varios amigos en Tenancingo cuyas esposas se prostituían porque ganaban muy buen dinero.

No te a va a pasar nada malo, yo te voy a cuidar, le aseguró Joel. Piénsalo bien y me dices qué decides, le insistió. Gloria se negó a prostituirse y todo cambió en cuestión de días.

El padrote le dijo que buscara ropa para los dos porque iban a salir de viaje. No viajaron más en el coche deportivo en el que la sacó de su pueblo. En la terminal de camiones de Tlaxcala, los esperaba un primo de Joel y su novia, Lucía, de 18 años de edad.

Viajaron juntos a la ciudad de México. De la estación de autobuses ambas fueron llevadas a un hotel de La Merced, en donde bajo amenazas ejercieron la prostitución durante más de una década. Nunca regresaron al palacete de Tenancingo, que fue ocupado una y otra vez por nuevas chicas, seducidas primero y hostigadas después por Joel y por otros integrantes de su grupo.

Del sueño a la pesadilla

Los padrotes de Tenancingo mantienen ocultas sus actividades, sin exponerse a ser vistos y sin permitir que las mujeres a las que obligan a prostituirse tengan oportunidad de escapar. Por ello

119

adquieren terrenos que abarcan toda la calle, que equivalen a dos-cientos metros o más. Así pueden huir por una acera o por otra. Construyen dos casas y trasladan a sus víctimas entre ambas, según la circunstancia, o tienen a dos mujeres al mismo tiempo, a quienes les dicen que son las únicas y sus familiares los apoyan para mantener esa teoría, ya que forman parte de la red de tratantes de personas.

Isadora fue rescatada en un operativo contra la trata de perso-nas en un hotel de la zona de La Merced, en la ciudad de México. Roberto, el padrote que la enamoró, la llevaba y la traía una vez por semana de Tenancingo a su «centro de trabajo». Su terreno atravesaba la cuadra, de tal manera que construyó dos casas con diferentes salidas.

Cuando le preguntaron a Isadora quién la obligaba a prostituir-se, ella aseguró que lo hacía por su gusto y que Roberto era su no-vio y se iban a casar, por lo tanto ella no quería presentar ninguna denuncia en contra de él.

Los agentes del Ministerio Público hablaron con ella más de 48 horas seguidas para tratar de que se identificara como víctima, pero ella insistía en que, a pesar de que tenía 14 años de edad, se prostituía por decisión propia.

Sus sueños de casarse con Roberto se esfumaron. La fuerza para denunciarlo se la dio la llegada de otra víctima, rescatada en el mismo operativo, pero en otro hotel. Al hablar con Camila, los agentes de la policía se percataron de que ella también se asumía como la novia de Roberto, tenía las mismas esperanzas románticas que Isadora. Soñaba con casarse con él y eso justificaba el trabajo que tenía que realizar «porque en esto se gana mejor que en otras cosas, y yo quiero juntar pronto el dinero para que podamos tener nuestro hogar y nuestra familia».

Los policías reunieron a Isadora y a Camila. Provocaron que ambas empezaran a hablar de su novio, de la casa de Tenancingo adonde las llevaba una vez a la semana y hasta de la familia de Roberto. Las dos se dieron cuenta de que se trataba del mismo hombre. Que no sólo les era infiel, sino que las obligaba a prosti-tuirse para quedarse con el dinero y nunca les iba a cumplir ninguna de las promesas. Al sentirse engañadas, las dos acordaron denunciarlo y dar todos los detalles a la policía para que lo ubicarán a él, a sus hermanos que se dedicaban a lo mismo, y a sus padres, porque ellos también se beneficiaban de lo que ellas ganaban.

Camila, que era mayor de edad, llamó por teléfono a Roberto para avisarle que los policías ya la habían liberado porque los convenció de que ella estaba en la prostitución por su gusto. Le dijo que la buscara en la estación del metro San Lázaro porque ella no tenía dinero para pagar el viaje a Tenancingo.

Dos horas después, los policías observaron a Camila correr a los brazos de Roberto, señal que ya estaba pactada para que en ese momento lo detuvieran por el delito de trata de personas. Ambas lo identificaron como el hombre que las enamoró, las sacó con engaños de sus pueblos y se las llevó a Tenancingo con la promesa de casarse con ellas, hecho que no sólo no cumplió sino que las convenció de que la única manera para que lograran ese sueño era si se prostituían.

Isadora, joven originaria de Veracruz de apenas 15 años de edad, decidió carearse con Roberto en presencia del juez para reprocharle sus mentiras. Camila no quiso volver a verlo y únicamente lo identificó a través de la cámara de Gesell.

Una batalla ganada

Los hermanos Velázquez Zompantzi y Severiana Saucedo, su madre, enfrentan condenas de 16 años de prisión por los delitos de delincuencia organizada y trata de personas.

Los tres hermanos obligaban a dos mujeres, cada uno, a ejercer el sexoservicio. Tres de ellas estaban en Estados Unidos y las otras tres en los alrededores del mercado de La Merced, en la ciudad de México.

Severiana nunca salió de Tenancingo. Ella administraba el dinero que las mujeres de sus hijos le depositaban, además cuidaba a sus nietos a cambio de una paga extra. No sólo sabía a qué se dedicaban sus vástagos, sino que desde muy jóvenes los alentó para que aprendieran el oficio de padrotes y cuando alguno de ellos se empezaba a enamorar, lo presionaba para que entendiera que no podía mezclar los negocios con los sentimientos.

Con el dinero obtenido, construyeron sólidas residencias en Tenancingo. Las casas tienen acabados de lujo, varios pisos edificados hacia arriba, muebles finos, amplio espacio en el garage para varios vehículos. De todo esto, sólo Severiana, y a veces sus hijos, disfrutaban, porque las que aportaban el dinero nunca conocieron el lugar ni fueron invitadas.

Floriberta declaró ante policías del Servicio de Inmigración y Control de Aduanas de Estados Unidos (ICE, por sus siglas en inglés) que desde 2007 Jaime Velázquez Zompantzi la obligaba a realizar «hasta 50 o 60 servicios sexuales al día» en diferentes zonas de la ciudad de Nueva York, adonde él la llevó para que trabajara en servicio doméstico y él como albañil, pero ya establecidos allá la forzó a prostituirse.

En el expediente detalla que los hermanos Jorge, Jaime y Fausto llegaron a tener dos o tres mujeres que trabajaban en la misma zona y que eran apoyados por un tío, quien les enseñó el oficio de padrote.

La víctima, quien recibió del gobierno de Estados Unidos una visa humanitaria, cuenta que ella y otras dos jovencitas tuvieron hijos de los hermanos Velázquez Zompantzi, mismos que les fueron retirados al nacer y llevados a México para que ellas siguieran trabajando. Cada semana enviaban a México dos mil 500 dólares cada una. Para reunir el dinero tenían que trabajar de lunes a domingo sin descanso. Cobraban 30 dólares por cada servicio.

Cada ladrillo de la casa se construyó con el pago de decenas, quizá centenas de servicios sexuales prestados por las víctimas de los hijos de Severiana, quien fue alcanzada por la justicia. Después de liberar a las jóvenes que proporcionaron los detalles para ubicar a los padrotes y a su madre, el juez ordenó, por primera vez en México, el decomiso de los bienes: la casa, los coches y las cuentas bancarias, a los que calificó como «producto de la trata de personas, y determinó su venta para que los recursos que se obtuvieran fueran entregados, por partes iguales, a las víctimas».

7
La ruta de la trata: Tenancingo-Puebla-La Merced y la explotación del otro lado de la frontera

«Eran cerca de las cinco de la tarde cuando conocí a Josefina en la central de autobuses de Puebla. Juntas viajamos a Reynosa, Tamaulipas. Compartimos un día y una noche en el autobús. No hablamos casi nada. Ella me dio instrucciones de lo que tenía que hacer cuando llegáramos a la frontera», cuenta Raquel desde un centro de atención a víctimas en Estados Unidos.

A sus 17 años de edad, su larga cabellera negra luce algunas canas. «Mi mamá tiene el pelo casi blanco y es muy joven, dice que es herencia de mi abuela». Mide aproximadamente un metro 60 centímetros de estatura, es muy delgada, de tez morena y ojos grandes. Las manos le tiemblan la mayor parte del tiempo. Ella se lo atribuye a la droga que consumía y que le provocaba ese efecto, «yo creo que eso se me quedó en el cuerpo, por eso no puedo controlar las manos».

Raquel y Josefina llegaron a Reynosa y ahí abordaron un taxi que las trasladó al hotel La Villita, adonde estuvieron dos días con sus noches esperando a que llegara por ellas el señor Pablo, quien desde Puebla les había dicho que era «pollero o coyote», que las ayudaría a cruzar la frontera. Las subió en una camioneta Suburban vieja, en la que recorrieron varios hoteles recogiendo más gente.

«Nos llevaron por un camino de rocas y arbustos. Caminamos por más de una hora en plena oscuridad hasta que los guías nos dijeron que nos tiráramos al piso y que no nos moviéramos para nada. Después de un rato de estar ahí nos dijeron que esa noche no íbamos a poder pasar a Estados Unidos porque había mucha vigilancia y nos llevaron a una casa adonde esperamos que se volviera a hacer de noche.» [*sic*]

La joven, que en ese momento tenía 15 años de edad, se volvió a subir a la Suburban cerca de las doce de la noche del día siguiente. Iban otras 18 personas, entre hombres y mujeres.

«Nos llevaron al Río Bravo, ahí nos subieron en unas lanchas inflables y en ellas cruzamos, del otro lado encontramos un monte de piedras y arbustos, el cual atravesamos corriendo. Caminamos por muchas horas hasta que empezó a amanecer, uno de los polleros nos dijo que estábamos perdidos, que nos escondiéramos entre el pasto y los árboles porque ya no íbamos a poder seguir hasta que se hiciera de noche. Nos advirtieron que no nos moviéramos porque había radares y nos podían detectar.» [*sic*]

Un día entero sin moverse, ni tomar agua, ni comer. Cuando su necesidad de orinar o defecar fue más fuerte que la vergüenza, sin ninguna privacidad y frente a los polleros y los demás migrantes ilegales, lo hicieron. Al anochecer caminaron de nuevo por varias horas. En el trayecto encontraron restos de cadáveres de animales y de personas, según lo que les dijeron los guías. «Si no se apuran a ustedes les puede pasar lo mismo, así que avancen rápido y calladitos».

Raquel narra que ya no sentía el miedo en su cuerpo porque desde hace dos años que la secuestraron en su ciudad natal El Arenal, Jalisco, había sufrido tanto que su mente rechazaba el dolor. Sin embargo, se enoja al recordar todo lo que vivió durante esa travesía. «Estaba muy cansada, me dolían los pies, el estómago, estaba sucia, hambrienta, sedienta, quería bañarme, acostarme y dormir por horas, en cambio tenía que seguir caminando por las amenazas de los polleros».

Después de varias caídas y tropiezos de todos los caminantes, llegaron a un alambrado muy alto que tuvieron que cruzar como pudieron. Les ordenaron agacharse y no moverse porque iban a avanzar de cuatro en cuatro. Cuando llegó el turno de Raquel, Josefina insistió en que las dejaran al último, si era necesario, pero que no podían separarlas. Llegaron a una carretera adonde tuvieron que correr presionadas por los guías hasta encontrar una aparente escuela. Ahí esperaron a dos de los migrantes quienes al caer de la alambrada se lastimaron los pies y tenían problemas para caminar.

Volvieron a avanzar, ya más lentamente, hasta llegar a un paraje de la carretera adonde los esperaba una camioneta grande de doble cabina de color gris, ahí les presentaron a un señor apodado El Pescado, quien se haría cargo de todos los migrantes a partir de ese momento.

Avanzaron en la camioneta durante veinte minutos, llegaron a una casa y bajaron a la mayoría de la gente, sólo quedaron cuatro migrantes. El conductor les preguntó cómo se sentían, a lo que Raquel contestó: «Por favor dénos algo de comer o de beber, tenemos días sin probar alimento». El Pescado les dijo que lo único que traía era una cerveza caliente, misma que aceptaron con gusto. Después de mucho rato de circular por las carreteras de Estados Unidos, llegaron a una casa en la que permanecieron una semana, hasta que se las llevaron en otro vehículo. Recorrieron cinco horas de camino, cruzaron varios estados hasta llegar a la ciudad de Atlanta, en el estado de Georgia. Todo el camino fueron acostadas en la cajuela tapadas con una manta negra por «si nos detiene la migra», les dijo el conductor.

De pronto se detuvieron en una gasolinera, les dijeron que ya habían llegado a su destino. Ahí las esperaban dos mujeres de pelo largo, rubio. Una de ellas, que se hizo llamar Susana, se presentó con ambas, les dijo que se pasaran a su carro y le entregó a El Pescado un fajo de billetes.

Nos llevaron a una casa adonde había más muchachas. Ahí nos bañamos, descansamos un rato y nos dieron algo de comer y de beber. Después de eso nos separaron a Josefina y a mí. Ella se quedó en esa casa y yo me fui con Susana, quien me llevó a un hotel en el que, me dijo, esperaríamos a Enrique, «El Librero», relata Raquel.

«El señor Enrique llegó de madrugada por mí, me llevó a otro hotel y me dijo que durmiera unas horas porque tempranito me tenía que poner a trabajar».

Las mujeres que son víctimas de trata en Estados Unidos describen a El Librero como la persona que consigue las citas con los clientes. Allá, cuentan, no las obligan a pararse en la calle porque la policía las arrestaría. Contratan a «libreros» para que ellos ofrezcan el sexoservicio, de manera discreta, en las calles. También se encargan de llevarlas a las casas en las que se prostituyen, las esperan para regresarlas al hotel y ahí aguardan el siguiente servicio. La labor de estos hombres es vigilarlas y recogerles el dinero en cuanto dejan al cliente. A veces los «libreros» tienen derecho hasta de golpearlas si detectan algo irregular en su conducta, como tardar más de quince minutos con el cliente o conversar con la gente, ya que eso está prohibido.

Raquel empezó a dar servicios sexuales bajo las órdenes de Susana y de Enrique, El Librero, quien se encargaba de ofrecerla por teléfono como «una chavita muy jovencita, obediente y de muy buena figura». El número de servicios que tenía por día variaba. El padrote, quien le seguía los pasos desde Tenancingo porque tenía una orden de aprehensión en su contra en Estados Unidos por ingresar ilegalmente al país, por homicidio y por forzar a una mujer a la prostitución, la llamaba al teléfono de Susana. La amenazaba con matar a sus padres y hermanos si no hacía lo que él le mandaba.

El cobro podía ser hasta de 300 dólares. Le indicaron que sólo podía aceptar dos posiciones sexuales del cliente y debía concluir después de 15 minutos. Raquel regresaba de cada servicio muy enojada. Le molestaban los clientes, Susana, Enrique, el padrote, quien se cambiaba de nombre constantemente, pero para ella se llamaba Noé, todos la desesperaban, la ponían de muy mal humor porque no podía negarse a nada de lo que le ordenaran, pero sobre todo le parecía que eran muy malas personas y no le gustaba convivir con ellos.

Soñaba con escapar de todos pero temía que Noé cumpliera sus amenazas. A veces no se había bajado del vehículo cuando le avisaban que tenía otro servicio. No contaba con horario para comer o para dormir. «Los clientes mandan mija, porque son los que pagan» [*sic*], le decía Susana con mal modo, cada vez que ella mencionaba que estaba cansada o tenía hambre.

Una tarde que hacía mucho aire, Raquel se metió a una tienda mientras aparecía la camioneta de Enrique, al sentirse libre por unos segundos, pensó en echarse a correr y ver qué pasaba. Todavía no acababa de arreglar sus pensamientos cuando vio a Susana dirigirse a ella para amenazarla en público: «No se te ocurra escapar porque te iría muy mal, lo mismo que a tu familia».

Con temor, Raquel le preguntó si ella no lo había pensado alguna vez, a lo que Susana contestó de inmediato: «Sí, por supuesto, pero me da mucho miedo lo que le puedan hacer a mi familia, por eso mejor obedezco y te vigilo bien para que tú no lo hagas, porque si te pierdo a mí me iría muy mal. No hagas locuras. No trates de pasarte de lista porque nos llevas entre las patas a las dos».

Esa tarde tuvieron otros minutos para platicar a solas y Susana le contó que Noé había vivido en Estados Unidos y él personalmente era el librero de las mujeres que tenía trabajando, pero una de ellas lo denunció por trata de personas y el asesinato de una mujer, y ahora estaba en la lista de los más buscados del FBI, por eso no podía ingresar al país.

La confianza duró poco, porque Susana tenía una hija con Noé, misma que éste se llevó a Tenancingo, y supuestamente la cuidaba la familia de él, pero regularmente la amenazaban con hacerle daño a la menor si ella no obedecía al padrote.

Pasaron meses, más de doce, a Raquel la cambiaron de «librero» porque según Noé ya había establecido mucha confianza con el anterior. Así conoció a José Luis, un hombre de origen mexicano, pero no de Tlaxcala, quien a pesar de que tenía documentos para trabajar legalmente en Estados Unidos, se dedicaba a conseguir clientes para las sexoservidoras y a vigilarlas.

Era un hombre de unos 50 años de edad, vivía solo y le gustaba mucho platicar. Un día le dijo a Raquel: «Siempre estás triste, no te gusta este trabajo ¿verdad?» Ella le contestó que no y que deseaba dejar esa vida porque se avergonzaba de tener relaciones sexuales con tantos hombres.

José Luis le ofreció ayudarla, pero le pidió que no lo involucrara para que no le hicieran daño a él. Le dio su número de teléfono personal para que cuando ella se sintiera lista para escapar, lo llamara. Y así lo hizo.

Era domingo, había tenido varios clientes esa mañana, por lo que se sentía muy cansada y de mal humor. Le dijo al librero que Susana le acababa de llamar y que no se verían en el hotel, sino que se encontrarían en el restaurante de siempre. Mientras el conductor se enfilaba hacia el lugar, Raquel le mandó mensaje a José Luis, quien llegó con una gorra de beisbolista y lentes oscuros para que nadie lo reconociera.

La guió hasta su auto, le ofreció dos cosas: «Yo te pago el hotel y te quedas unos días conmigo hasta que sepas qué vas a hacer, o te llevo a las oficinas del FBI y de una vez denuncias a Noé».

Raquel relata que las dos opciones le causaron desconfianza y temor, pero quedarse con ese hombre podría significar que ahora éste la explotara, por lo que optó por ir con el FBI.

«Llegué con una oficial de nombre Joe. Ella buscó a alguien que hablara español, a quien le pude contar todo lo que me había pasado desde el momento del rapto hasta este día en que era obligada a tener hasta 30 relaciones sexuales por día para entregarle a Noé la cuota que me imponía».

Con la información que Raquel proporcionó al FBI, los oficiales buscaron en sus archivos y encontraron que Noé estaba en la lista de los más buscados. Lo perfilaban como un hombre sumamente violento, dedicado a la trata de personas y originario de la comunidad de Tenancingo, de donde provenían la mayoría de padrotes detenidos en Estados Unidos.

La oficial Joe llevó a Raquel a un albergue para mujeres en situación de riesgo. Nadie hablaba español ni convivía con ella, lo que le detonó una depresión muy fuerte. Las autoridades se percataron de ello, realizaron los trámites migratorios y la llevaron hasta la casa de sus padres, adonde día con día lucha por adaptarse.

La Merced, el centro de entrenamiento

Los tacones rosas, plateados, dorados, brillantes contrastan con la mirada triste de sus portadoras. Blusas que apenas cubren el talle hasta la cintura o los senos, y pantalones de mezclilla entallados, hacen de la avenida Anillo de Circunvalación, en la zona del mercado de La Merced, un escaparate de jovencitas en espera de su siguiente cliente.

«Son 150 por el servicio, sólo dos posiciones y tú pagas el hotel» [*sic*], dice la joven de blusa floreada, tacones negros, muy altos y jeans ajustables a su cuerpo. El hombre de camisa rayada, espalda ancha y tenis blancos, acepta el trato. Le pregunta: «¿En qué hotel?» En el San Mateo —le responde ella— está a dos cuadras. Justo cruzando la plaza.

Mientras él se encamina, ella se quita los tacones altos, los echa en una bolsa de plástico y voltea a ver sus compañeras de calle. Una de ellas le comenta mientras empieza a caminar: «Esperemos que éste no te salga como el otro».

—Ojalá— contesta ella mientras aprieta el paso para alcanzar a su cliente.

Atrás, otras dos parejas se dirigen hacia el San Mateo. Dos jovencitas con una bolsa de plástico en la mano, van acompañadas, una por un hombre unos treinta años mayor que ella, y la otra por un joven cuya ropa luce sucia y despide mal olor a pocos metros de distancia.

Las tres parejas cruzan la puerta blanca del hotel. La instrucción de sus padrotes es que cada servicio dure máximo quince minutos, o de lo contrario los jóvenes que circulan en motonetas por la zona las harán salir del cuarto bajo amenazas o golpes.

Alrededor de las seis de la tarde, decenas de mujeres, jóvenes la mayoría, algunas con rostro y cuerpo de adolescentes, se detienen entre puestos ambulantes de juguetes, ropa de dama de baja calidad, herramientas, celulares robados, y uno que otro indigente tirado sobre la calle o recogiendo lo que encuentra tirado en la banqueta.

Los ojos grandes de las princesas de las películas de Disney que se venden junto a las jovencitas de zapatillas de colores, atestiguan desde sus cajas de cartón cada vez que ellas cierran un trato con los clientes de los servicios sexuales. Las muñecas de plástico cuestan 580 pesos. Las de carne, hueso y sentimientos, apenas valen 150 pesos.

El callejón de San Pablo, a unas calles del mercado de La Merced, ha sido, por décadas, la pasarela de la prostitución. Ahí, entre la mezcla de olores a comida y drenajes tapados, mujeres de diversos estados de la República Mexicana, principalmente de la zona sur, son víctimas del tráfico y la trata de personas.

Cada centímetro de ese callejón tiene dueño. Los padrotes de Tenancingo se han ido apropiando del espacio. Se lo han arrebatado a las madrotas de antaño. A las mujeres que después de años de ejercer la prostitución se dedican a explotar a otras más jóvenes y a cobrarles derecho de piso.

Pero los padrotes de Tenancingo se llevan todo. Ellos no sólo son los dueños de la calle, también de las mujeres, de sus cuerpos y de sus almas.

Al menos eso relatan decenas de víctimas en averiguaciones previas, como esta declaración de una de ellas, quien después fue llevada a Nueva York para que aplicara lo aprendido.

«A mí me llevaron a La Merced para que aprendiera el oficio. Ahí me enseñaron a atender a los clientes. Dicen que es la escuela de toda prostituta porque aprendes entre los que menos te exigen, entre los más jodidos, adonde además la autoridad permite el servicio sexual. Nos obligan a ser parte del callejón de San Pablo. Los vigilantes no nos dejan mover de ahí hasta que acompletamos la cuenta. Todos los que convivimos en ese lugar nos conocemos, pero nos tenemos mucha desconfianza.» [sic]

Todas pasan por La Merced, asegura un policía federal luego de ubicar en esa zona un hotel adonde «venden» a mujeres menores de edad a clientes «muy exclusivos».

Después de La Merced sigue Tijuana, o cualquier ciudad fronteriza en donde pueden atender clientes y reunir dinero para pagar al pollero que las llevará a ellas y sus padrotes a Estados Unidos.

Reportes de inteligencia del FBI revelan que las víctimas de padrotes de Tenancingo son obligadas a prostituirse en ciudades como Los Ángeles, Denver, Nueva York, Atlanta y Miami, adonde los consumidores son principalmente de origen latino.

Programas de atención a víctimas

La recurrencia de los casos de tráfico y trata de personas generó la necesidad de que el gobierno de Estados Unidos adaptara el Centro de Justicia para Mujeres latinas en el que miembros de la sociedad civil que han detectado la problemática, se integran para apoyarlas en su reinserción social.

Generalmente llegan porque los vecinos dan parte a la policía de que en algún domicilio están golpeando a una mujer, eso es en la mayoría de los casos, o en operativos de las autoridades migratorias.

Ellas regularmente se niegan a declarar por temor a sus padrotes y a su condición de migrantes ilegales. Sin embargo, advierte Teresa Ulloa Ziáurriz, directora regional de CATWLAC, las autoridades han identificado el perfil de la víctima de trata, por lo que las asesoran jurídica y psicológicamente para que admitan que eran esclavas sexuales.

A base de labor de convencimiento empiezan a brindar detalles de la situación que vivían, de sus temores y de las amenazas de que eran víctimas. Una de esas organizaciones es el Santuario para las familias, un centro legal dirigido por Judy Harris Kluger, con sede en Nueva York, que cuenta con un programa de reinserción social.

Es un refugio que les ayuda a buscar trabajo, las coloca en hogares de transición para que recuerden lo que es estar en el seno de una familia, les dan terapias y asesoría jurídica para la obtención de visas para que permanezcan en Estados Unidos de manera legal, o las apoyan para regresar con sus familias.

Las condiciones en que son rescatadas y el peso de la denuncia contra quienes infringen las leyes de Estados Unidos determina su permanencia en ese país, adonde algunas piden quedarse para evitar el rechazo y la vergüenza de haber sido prostitutas o por el temor de que los familiares de los padrotes las dañen a ellas o a sus familias.

Los graves riesgos que corren algunas víctimas atendidas por CATWLAC y el Santuario para las familias, han requerido que trasladen a sus parientes en primer grado, además de los hijos, a Estados Unidos para protegerlos.

Es el caso de Juana, una joven del estado de Puebla a quien unos vecinos llevaron a un hospital de Nueva York luego de que el padrote la pateara hasta casi provocarle un aborto. Ella salió a la calle a pedir ayuda. Se arriesgó porque sabía que estaban en peligro su vida y la de su bebé.

No era la primera vez que la golpeaba de esa forma, pero en esa ocasión le advirtió que no la quería embarazada porque él necesitaba que se pusiera a «putear» [sic].

La joven relata que fueron muchas horas de golpes y maltrato. La pateó muchas veces en el estómago hasta que ella sintió que se escurría la sangre por las piernas.

En su narración indica que ya había abortado una vez debido a los golpes que recibió en el estómago, pero se volvió a embarazar y no estaba dispuesta a perder de nuevo a su bebé sólo para que ese hombre siguiera exigiéndole dinero.

Juana llegó al hospital a tiempo para que salvaran su embarazo, que llegó a buen término, y tuvo a su hija.

Tras recuperar un poco de fuerza, aceptó declarar en contra del padre de la niña, que al mismo tiempo había sido su verdugo y quien actualmente está preso en la cárcel de máxima seguridad del estado de Nayarit.

Él pertenece a una familia de padrotes de Tenancingo, pero tan solo él explotaba a tres mujeres en el condado de Queens, en Nueva York.

La contratación y el servicio

El termómetro marca 10 grados bajo cero cuando el cliente entra a la casa con puerta negra y con los vidrios de las ventanas cubiertos con hojas de periódicos. Un hombre le da el paso a una pequeña sala. Lo interroga y le hace una revisión corporal para verificar que no traiga micrófonos o armas.

Acto seguido le informa que el sexoservicio cuesta cien dólares por media hora y que sólo tiene derecho a dos posiciones con la mujer. El cliente acepta. Saca la cartera, entrega cinco billetes de 20 dólares y espera. El joven que lo recibió levanta una cortina vieja y sucia y se pierde tras ella. Unos minutos después regresa con cuatro jovencitas vestidas con minifalda, blusa muy escotada, con lo que parecen ajenas al frío del exterior.

Una tras otra posan frente al cliente, le sonríen, le coquetean, mientras el joven que las «cuida», observa con desconfianza toda la escena.

Selecciona a una de las cuatro. El cliente y la joven elegida se pierden tras la cortina mientras los demás esperan.

Ese relato lo hace una joven que atendió de 60 a 70 clientes por día, situación que le provocó graves daños en las paredes del útero y en la vagina.

Ulloa Ziáurriz, quien viaja de Nueva York a la ciudad de México constantemente para cuidar la salud emocional y física de las víctimas que le han encomendado en ambos lados de la frontera, asegura que en Estados Unidos la prostitución no se ejerce en las calles como en México, «los padrotes tienen mucha experiencia, han habilitado "casas de citas", dan supuestos servicios de acompañantes o directamente las llevan hasta las casas de los clientes para evadir la acción de la justicia».

Aunque igual que en México, los padrotes se valen de una mujer para que les enseñe a «trabajar». Les explican, inclusio, el tipo de gusto de los clientes que, según dicen, es distinto al que piden en su país. Se vuelven muy exigentes porque pagan en dólares o porque las chicas están lejos de sus familias, y eso lo padecen las sexoservidoras.

De las historias que más han impactado a las trabajadoras sociales, tanto de México como de Estados Unidos, es la de una mujer poblana que se enamoró de un padrote, como muchas otras, pero en su caso, el hombre pertenecía a una red familiar muy grande de tratantes de personas que se hacía llamar «La banda de los Negros».

«La enamoró y con engaños se la trajo a la ciudad de México, ahí le pidió ayuda porque él no podía trabajar ya que lo acusaban de haber robado dinero, ella accedió a dar servicios sexuales hasta que un familiar la encontró y se la llevó. La pasión o el amor que el hombre le había despertado la hicieron regresar con él, a pesar de que ello significaba dedicarse a la prostitución», cuenta Ulloa Ziáurriz.

La convenció de que la policía lo perseguía, por ello debían huir juntos. A través del chantaje y la manipulación, le dijo que sería muy triste que lo arrestaran porque entonces estarían separados. Eso la hizo acceder a viajar con él a Estados Unidos. Ella tenía una niña de cinco años de edad que se quedó en la casa de la mamá de él, en Tenancingo.

Apenas llegaron a Nueva York, la empezó a golpear. El amor que le profesaba en México se acabó. Le exigía que atendiera hasta 70 hombres al día para que reuniera la cuota.

Ella nunca protestó, producía mil dólares diarios, siete días a la semana, hasta que atropellaron a su hija y ella le pidió dinero porque había que operarla. No le quiso dar dinero. Enojada, se fue al consulado de México a pedir ayuda y ellos la enviaron al Santuario para las familias. Ahí decidió que iba a regresar al sexoservicio, ahora por su cuenta, para pagar la operación de su hija, pero ya no pudo porque estaba destrozada por dentro debido al número tan alto de relaciones sexuales que sostenía diario. Se ha sometido a tres cirugías reconstructivas y todavía está muy lastimada de las paredes del útero y de la vagina.

Ulloa Ziáurriz relata que los integrantes de las agrupaciones de ayuda lograron reunir el dinero suficiente para enviarle a su hija a Estados Unidos. A la menor ya le habían realizado varias cirugías también para reconstruirle la piernita que tenía muy afectada por

134

el accidente. Pero parece que no había sufrido lo suficiente, porque días después de disfrutar a su hija le diagnosticaron cáncer de seno en una etapa muy avanzada, enfermedad con la que lucha hasta el día de hoy que se escribe su historia.

«Ella tiene 35 años y estuvo victimizada nueve años en esas condiciones. El padrote fue capturado en Estados Unidos y está condenado a cadena perpetua, mientras que sus familiares, incluyendo su madre, están presos en una cárcel de máxima seguridad».

Todos fueron detenidos gracias a los detalles tan precisos que ella proporcionó a las autoridades mexicanas y estadounidenses.

«Ese es un caso que me duele mucho porque ella dice que realmente estaba enamorada de él. Lo atendía, lo cuidaba, soñaba con casarse con él y formar una familia, pero a su lado vivió la peor pesadilla que puede vivir una mujer».

Desde que empezó su tratamiento médico, le han realizado operaciones para reconstruirle todo el tracto reproductivo porque lo tenía destrozado. A la niña le tuvieron que poner injertos en la pierna debido a que había quedado sin la mitad de la carne en el muslo interior después de que la atropellaron.

«La vez pasada que la vi, estaba contenta, se veía mejorada de su estado de ánimo y de su salud. Les llevé dulces mexicanos a las dos, les encantan, y mientras los degustábamos, acordamos iniciar una nueva investigación contra el padrote y su familia porque detectamos que algunos primos habían huido a Miami. La idea es desintegrar esa célula tan peligrosa. Liberar a la sociedad de ese clan de depredadores de mujeres y niñas.»

Durante 2014, en Estados Unidos, tres hombres originarios de Tenancingo recibieron condenas de cadena perpetua por los delitos de tráfico y trata de personas.

La mamá de Los Negros, sus hermanas y algunas primas también recibieron sentencias, pero ellas en México. «Ellas se beneficiaron del dinero que las víctimas enviaban, fueron cómplices y por ello recibieron su castigo, porque esas mujeres, junto con sus hijos, enamoran o raptan a sus víctimas para de inmediato empezar a ganar dinero explotándolas», dice Ulloa Ziáurriz.

De Tenancingo a Atlanta

Por la ventanilla del vehículo apenas se alcanza a ver al conductor. Un hombre de pelo cano, rostro regordete y tez morena que tiene sobre el volante sus dos manos con guantes de piel que dejan al descubierto los dedos. Pisa el acelerador una, dos, tres veces. El sonido del motor atrae las miradas hacia el vehículo Mustang rojo, brillante, modelo 2014.

En la parte trasera, con letras estilizadas en negro, se lee el apodo del dueño del Mustang, El Diablo. Las puertas lucen atravesadas por imágenes de rayos de fuego, junto a una de ellas, la del lado del conductor, se aprecia la figura caricaturizada de una mujer de pechos y caderas voluminosos, apenas cubierta con una capa roja, portando en la mano derecha un trinche.

Son casi las cinco de la tarde cuando el Mustang y su conductor empiezan su recorrido por los alrededores de la colonia Buenavista en la ciudad de México. No se detienen frente a las mujeres que ofrecen servicios sexuales sobre la acera, el hombre canoso sólo voltea y las ve, y ellas cinco que están paradas sobre la calle de Luis Donaldo Colosio, le devuelven la mirada.

En cada vuelta, el Mustang se queda en espera de la luz roja del semáforo, eso le da varios segundos para observar a las mujeres. En la cuarta vuelta, mientras espera la luz verde, voltea hacia su derecha y con los dedos índice y medio apuntando hacia sus ojos le señala a la mujer de jeans azules entallados, blusa roja y tacones altos, que la está viendo. Hace dos vueltas que ella platica con un joven de baja estatura vestido con un pants negro.

El Diablo avanza sobre la calle Luis Donaldo Colosio hasta la avenida Paseo de la Reforma y se pierde entre los vehículos. En dos horas regresa a la zona y vuelve a supervisar a sus mujeres. Tres de las diecisiete jovencitas que ofrecen servicios sexuales todos los días alrededor del edificio del Partido Revolucionario Institucional, del que proviene el presidente de México, Enrique Peña Nieto, trabajan para él.

El Mustang tiene placas del Distrito Federal, pero su garage está en Tenancingo, de donde es originario su dueño, El Diablo, como todos lo conocen en el pueblo.

Una de las muchachas dice que a su compañera se la llevaron a Estados Unidos y ella espera que le pase lo mismo, porque sueña con vivir del otro lado de la frontera. Con mucha desconfianza contesta algunas preguntas, la mayoría las evade. Se da la vuelta y dice: «Tengo mucho trabajo y no me dan permiso de platicar».

Los vecinos de El Diablo en Tenancingo saben que además de las mujeres del DF tiene a varias más trabajando en Atlanta, Georgia, adonde viaja con cierta regularidad porque tiene documentos migratorios con estatus de residente, por lo que puede entrar y salir del país libremente.

La joven que descendió del Mustang conducido por El Diablo se para todos los días en la misma esquina a esperar a sus clientes ante la mirada de los agentes de la policía, los ciudadanos, los políticos del partido que gobierna este país, sin que nadie repare en su existencia. «Es parte del escenario urbano», dice una señora que camina por el lugar con su hijo de unos ocho años de edad. «Han estado aquí desde hace años, ya nos acostumbramos a verlas. No siempre son las mismas».

8
¿Y las autoridades?

En septiembre de 2011, en el contexto de la reunión de procuradores de México, celebrado en Boca del Río, Veracruz, Alicia Fragoso Sánchez —procuradora de justicia del estado de Tlaxcala— reconoció la gravedad del problema de la trata de personas, principalmente de mujeres en Tlaxcala, aunque de manera muy focalizada en el municipio de Tenancingo.

Ahí los funcionarios de procuración de justicia abordarían la forma en que se podría atacar dicho delito en el país. Fragoso Sánchez accedió a conversar, sin grabadora de por medio, con esta reportera.

Tras un diálogo sobre el clima y el sabor del café de la región, surgió la pregunta: «¿Y usted cómo ve el problema de la trata de personas en el estado de Tlaxcala?».

Se tomó unos segundos para analizar su respuesta y respondió: «Tenemos la indicación del señor gobernador del estado de atacar todos los delitos».

Continuó con su discurso oficial mientras le servían otra taza de café. Insistió en que de manera genérica tenían una agenda de temas por combatir en el estado, pero no uno en particular. Tardó un rato en mencionar la trata de personas.

La charla prosiguió, pero yo puse sobre la mesa una serie de casos que había documentado y publicado en el periódico *El Universal* y que se relacionaban directamente con tratantes de Tenancingo. Le hablé del sufrimiento expresado por las víctimas, del

139

modus operandi de los padrotes originarios de ese municipio y de la queja constante de la sociedad civil por la falta de sensibilidad de la autoridad para reconocer, prevenir y atacar el problema.

Ya avanzada la noche y después de varias tazas de café, la procuradora reconoció el problema y su gravedad.

Su rostro cambió, con más confianza recargó sus brazos sobre la mesa y relató que ella personalmente, estando en su camioneta, había atendido el llamado de auxilio de una víctima que se encontraba secuestrada por un padrote en un hotel, adonde la joven amenazaba con quitarse la vida ante la desesperación de lo que estaba viviendo. Fragoso Sánchez la rescató y le dio seguimiento a ese caso.

Después de hablar de ese episodio, la funcionaria admitió que el fenómeno de la trata de personas ya no era un secreto a voces dentro y fuera de Tlaxcala, y expresó su sufrimiento por el dolor que este flagelo causa a las víctimas y a sus familias. Manifestó frustración por la falta de acciones de prevención y erradicación del delito en el estado. Por momentos, admitió lo señalado por los organismos de la sociedad civil: que la violencia y la transmutación de los valores se han naturalizado en Tenancingo. Sin embargo, regresó al discurso oficial e insistió en que aunque había mucho por hacer todavía, las autoridades estatales ya tomaban cartas en el asunto.

En 2001, luchadoras sociales del Centro Fray Julián Garcés, Derechos Humanos y Desarrollo Local, ubicado en la capital de Tlaxcala, realizaron un diagnóstico de los principales problemas de la entidad, los «focos rojos» del estado.

Así detectaron el aumento de la prostitución, pobreza, migración, falta de empleo, nula participación ciudadana, los daños ocasionados en la salud de los pobladores a causa de la contaminación del Río Atoyac, y un problema de fe y cultura cívica.

A través de ese estudio se percataron de que la dificultad no radicaba en la prostitución, sino en la red de tratantes que enganchaban, trasladaban y explotaban a niñas y mujeres de diversas edades en diferentes estados de la República Mexicana. El conflicto se concentraba, sobre todo, en los municipios del sur: Tenancingo, Ayometla, San Pablo del Monte y San Luis Teolocholco.

Entonces se dieron cuenta de que en Tlaxcala no había ninguna ley que castigara dicho delito por lo que, advierten las activistas, los proxenetas ejercían la explotación femenina de manera impune, ya que nadie los perseguía.

El diagnóstico arrojó que el fenómeno se desató, en parte, por la situación de miseria y pobreza, y por el alto índice de desempleo que surgió ante la quiebra de la industria textil en el estado, ya que debido al rompimiento contractual entre obreros y patrones, los pobladores de esos municipios emigraron al Distrito Federal y aprendieron a practicar el proxenetismo que por décadas se ha arraigado en Tenancingo, primero, y más tarde en los municipios aledaños.

Los datos revelados por este estudio dieron origen a una serie de movilizaciones por parte de la sociedad civil, que se prolongó por varios años, hasta que en diciembre de 2009 se promulgó la *Ley para la prevención de la trata de personas para el estado de Tlaxcala*. De entonces a la fecha sólo se han emitido 11 sentencias.

El camino para sancionar en México la trata de personas, de forma contundente, ha sido tanto o más tortuoso que su práctica y persistencia en un país convertido en plataforma continental de esta actividad ilícita, al ser considerado por la Organización de las Naciones Unidas (ONU) como un lugar de origen, tránsito y destino para la comisión de dicho delito.

En casi ocho años de actividad legislativa, desde que el 27 de noviembre de 2007 se publicara en el *Diario Oficial de la Federación* la *Ley para prevenir y sancionar la trata de personas*, los resultados han sufrido un grave retroceso y se alejan de lo que parecía un avance tangible y sólido gracias a la promulgación de la *Ley general para prevenir, sancionar y erradicar los delitos en materia de trata de personas y para la protección y asistencia a las víctimas de estos delitos*, correspondiente al año 2012.

Hoy, el desconocimiento de los legisladores, en dos momentos históricos distintos, durante los sexenios presidenciales de Felipe

Calderón Hinojosa y de Enrique Peña Nieto, ha provocado que el delito de trata de personas quede reducido sólo al de explotación, que las víctimas tengan que confrontar varias veces a sus atacantes como parte del sistema penal acusatorio, y que tal hecho ilícito sea ahora menos grave que en 2012.

Así, el progreso en la penalización de la trata de personas ha adquirido una dinámica retrógrada, en la que jueces y agentes del Ministerio Público aún no tienen la capacitación adecuada para delimitar el tipo penal, para identificar los componentes de la comisión de dicho delito y sobre todo, para otorgarle una perspectiva de género.

Puede decirse que en materia legislativa se han vivido tres etapas. En todas ha quedado clara la profunda confusión para comprender las diferencias entre la trata de personas y la explotación con fines laborales o sexuales.

La ley promulgada al respecto en 2007 tenía características peculiares. Su ámbito de competencia era federal y estaba conformada por 20 artículos. Se centraba en la prevención de este delito y en la asistencia a las víctimas, nacionales o extranjeras.

El espectro que abarcaba era limitado. No tomaba en cuenta, por ejemplo, instrumentos jurídicos internacionales y mecanismos de cooperación y asistencia firmados por México en las últimas décadas, como la Convención de Palermo, pero sobre todo, dejaba de lado la perspectiva de género y sus consecuencias para la interpretación y aplicación de una ley que debía castigar un delito con enormes ramificaciones y repercusiones sociales.

Al no ocuparse de la trata de personas desde una perspectiva de género, la ley promulgada en 2007 abrió boquetes que permitieron un incremento en los casos de trata, ya que las autoridades se centraban en el tema de la explotación sexual, marginando así lo relacionado con el género y los múltiples mecanismos que posibilitaban la comisión de este delito.

En ese año, el gobierno mexicano emitió la primera legislación especializada en trata de personas, pero 15 meses después de haber entrado en vigor, se promulgó el reglamento correspondiente a la atención a las víctimas, sin el cual, aunque fueran rescatadas, no podían contar con la protección, el apoyo y la asistencia del Estado.

Fueron muy pocos casos los que llegaron a los tribunales y de estos, sólo un puñado terminó en sentencias firmes contra los inculpados. Los avances fueron casi nulos pese a que desde el 2000 México firmó su adhesión al *Protocolo de las Naciones Unidas para Prevenir, Reprimir y Sancionar la Trata de Personas, Especialmente Mujeres y Niños* (el cual ratificó en 2003), instrumento que describe a detalle el complejo delito de la trata.

La legislación aprobada en el año 2012 elevaba las penas carcelarias a los tratantes, incrementaba las sanciones económicas a los delincuentes, se ocupaba de no revictimizar a las mujeres afectadas por este delito, sentaba las bases para iniciar la reparación del daño causado y extendía las implicaciones del delito al ámbito internacional.

Otro de los alcances de esa misma ley consistía en involucrar a las autoridades municipales, estatales y federales en el combate y atención a este fenómeno, instando a las legislaciones locales a armonizar y empatar sus leyes con lo aprobado desde el centro del país.

De 2007 a la fecha, autoridades de los tres niveles de gobierno han reconocido que la trata de personas es un delito sin freno en México.

Sin embargo, datos de la Fiscalía Especial para los Delitos de Violencia contra las Mujeres y Trata de Personas (Fevimtra) –perteneciente a la Procuraduría General de la República (PGR)– del año 2012, indicaban que dicha instancia recibió de 2008 a 2010, 386 denuncias que dieron origen a 139 averiguaciones previas. De esta cifra, 45 personas fueron consignadas, se obtuvieron 17 órdenes de aprehensión y sólo una persona fue condenada.

En el mismo periodo, en las cortes de Estados Unidos, se denunciaron dos mil 515 casos de trata de personas vinculados con redes de tratantes mexicanos.

En diciembre de 2014, en la Cámara de Diputados se aprobaron reformas a la ley promulgada en 2012, mismas que establecen «que cometerá el delito de trata quien explote a una persona ya sea mediante amenaza, uso de la fuerza, engaño, seducción, abuso de poder, aprovechamiento de una situación de vulnerabilidad, ofrecimiento, concesión o recepción de un pago o beneficio a un tercero que ejerza dirección, influencia o autoridad sobre otra».

Con estas reformas, cuyo destino final será decidido en la Cámara de Senadores, el delito de trata de personas podría desaparecer de la legislación mexicana.

Apéndice

Entre 2009 y 2014 se tiene registro de dos mil 105 averiguaciones previas en todo el país.

De ellas, 756 derivaron en la consignación ante un juez: 136 del fuero federal y 620 del fuero local.

Se tiene registro de 152 sentencias condenatorias (nueve en el fuero federal, 143 en el local); lo que significa que, de las dos mil 105 averiguaciones previas iniciadas en el país, únicamente el 7.2% ha derivado en una sentencia condenatoria.

Chiapas y el Distrito Federal son las entidades federativas con mayor número de sentencias condenatorias, ya que concentran el 46.7% de las condenas.

Las sentencias dictadas en Sonora, Puebla y Estado de México equivalen al 26.3% del total, lo cual significa que estas cinco entidades concentran el 73% de las sentencias.

83.1% de las averiguaciones previas corresponden a explotación sexual, 12.4% a explotación laboral, 3.4% a explotación laboral y sexual y el 1% a otras modalidades.

De las víctimas identificadas en todo el país, el 82.9% son del sexo femenino y 13.7% del masculino; el porcentaje faltante corresponde a casos en los que se desconoce el sexo de las víctimas.

42.1% de las víctimas reportadas son adultas y 39.8% son menores de edad; del 18.1% de los casos no fue posible determinar su edad.

El 77.5% de las víctimas identificadas son mexicanas, frente al 15.4% extranjeras; del 7.1% de los casos se ignora la nacionalidad. El mayor número de las víctimas extranjeras proviene de Centroamérica; de igual forma, se identificaron víctimas procedentes de otros 33 países.

Epílogo

En enero de 2008, caminaba por los pasillos de la redacción de *El Universal* y un teléfono repicaba sin cesar. Varios compañeros, cuyos lugares de trabajo estaban ubicados cerca del aparato, hacían caso omiso del llamado. Levanté la bocina y le hice saber al interlocutor adónde hablaba: periódico *El Universal*. Una voz desesperada del otro lado de la línea dijo:

—Por favor ayúdeme, se robaron a mi hija en la ciudad de Oaxaca y no sé qué hacer. ¡Ayúdeme!

—Señora por favor trate de explicarme qué pasó con su hija, desde cuándo no sabe de ella.

—Hace cuatro días. Mi otra hija y yo entramos a sus cuentas de redes sociales y en la de *Metroflog* encontramos que se citó afuera de la escuela con una persona que conoció por internet. En un correo electrónico la invitó a irse con él a la ciudad de México. Mi hija tiene 14 años, está en segundo año de secundaria. Lo último que sabemos de ella es que viajó en autobús a Tierra Blanca, Veracruz, eso le dijo a una prima un día antes de irse: «Voy al DF a encontrarme con mi destino».

Nada se detuvo en la redacción, al contrario, el bullicio y las prisas por la cercanía del horario del cierre de la edición se incrementaron.

Intercambiamos datos de contacto. Vía correo electrónico envió la foto de la jovencita para su publicación al día siguiente en la sección *Se buscan* y se inició la negociación con el editor de

147

reportajes especiales para realizar una investigación sobre *Metroflog*, sus usuarios y el paradero de la menor de edad.

En la conversación, la madre aseguraba que su hija había sido raptada por integrantes de la organización criminal denominada *Los Zetas*, que al parecer operaba redes de trata de personas en el sur-sureste del país. Dijo que ella se había enterado en esos días, durante las horas de búsqueda de su hija, de la desaparición de varias niñas en la zona del Istmo de Tehuantepec. Explicó que una de ellas fue localizada en la ciudad fronteriza de Reynosa, Tamaulipas, en donde era obligada a prostituirse. Los padres tuvieron que dar una fuerte suma de dinero para que les regresaran a su hija.

Con este contexto, el editor accedió a que se iniciara la investigación. La madre viajó a la ciudad de México y, de oficina en oficina, denunció la desaparición de la adolescente. En la Procuraduría General de la República insistió en su teoría de que una red criminal la estaba explotando sexualmente. Les dijo que habló con algunos choferes de los autobuses de Oaxaca, a quienes les mostró una foto de su hija y ellos le dieron algunas pistas que la hacían suponer que se la habían llevado a la frontera norte de México.

Tras dos semanas de búsqueda y de que la madre acudiera a diversas estaciones de radio para que la ayudaran en la localización de su hija, regresó a Oaxaca para esperar noticias de la adolescente. Días después, mediante una llamada telefónica, le informaron que tenían a su hija y que para volverla a ver debía entregar cierta cantidad de dinero.

La madre, una mujer alta, de pelo rubio, piel muy blanca y ojos verdes, antes de colgar la bocina fue amenazada: «Deja de hacer escándalo y olvídate de la policía o te matamos a tu hija».

Temerosa, pero firme, accedió a encontrarse con los secuestradores. Fue en un parque de la ciudad de Querétaro adonde la madre entregó el dinero, no todo, pero la mayor parte. Se sentó en una banca a esperar a su hija.

Ivette la vio caminar hacia ella con un paso muy cansado, lucía más delgada, y cuando ubicó a su madre, corrió a abrazarla sin esbozar ni una sonrisa.

Una semana después de haber regresado a su hogar, Abril aceptó hablar conmigo.

Me trasladé a Oaxaca. Encontré a una familia integrada por mujeres. Ivette, sus dos hijas y su nieta de tres meses de edad trataban de reintegrarse tras el regreso de Abril, quien se mantenía encerrada en su cuarto durante el día, y muy inquieta durante la noche y madrugada. Se negaba a ingerir alimentos y a bañarse.

Después de varias horas de convivencia, en un ambiente tenso, rodeadas de paredes rosas, frente a un espejo tapizado de calcomanías de muñecas y caricaturas, Abril se descubrió el hombro derecho para mostrar las huellas de quemaduras de cigarro.

Mira, decía al tiempo que se bajaba más la blusa para mostrar las señales de la tortura a la que fue sometida para que accediera «de buen modo» a tener relaciones sexuales con todos los hombres que la mujer, encargada de cuidarla, le ordenaba.

Las heridas, sin sanar, le provocaban ardores y comezón en la piel en diferentes momentos.

«Estoy enojada con todos, también contigo porque quiero olvidar y estas quemaduras no me dejan. Todos me preguntan sobre qué me pasó, qué me hicieron y yo ya no quiero recordar nada. Me quiero dormir y no puedo».

Abril se tocaba el pelo rubio, que ella misma se cortó, una y otra vez para retirárselo de la cara y luego se la volvía a tapar con la cabellera dispareja. «Me tuvieron encerrada en un cuarto. Ahí comí, hice del baño, dormí muy pocas horas porque los hombres llegaban a todas horas, pero cuando me negaba a atenderlos entraba esa mujer al cuarto, me golpeaba, me amenazaba con matarme. Muchas veces apagaba la colilla de su cigarro en mi espalda» [sic].

Enojada por el engaño y el maltrato, dijo sentirse avergonzada de tener que regresar al hogar materno por todo lo vivido.

La narración de esa historia se publicó en el periódico *El Universal* el 27 de febrero de 2009 como parte de un reportaje que implicó recorrer la comunidad de Tenancingo, señalada como un centro de operaciones de redes familiares de tratantes de personas, así como un análisis jurídico de la legislación para perseguir y castigar ese delito en México.

Durante las primeras horas de mi estancia en Tenancingo, acompañada por una reportera local, pude entrevistar a una joven que fue rescatada por su madre luego de que un hombre de esa comunidad le pidió a su hija en matrimonio y cuando se la llevó, trató de convencerla para que se fuera con él a la ciudad de México y trabajara como prostituta en el mercado de La Merced. La joven llamó desde su celular a su madre para pedirle ayuda.

Al día siguiente, la madre se presentó en Tenancingo y con la amenaza de llamar a la policía, se llevó a su hija de regreso a su casa, en Tlaxcala. Ella comentó que vivía con temor de que el hombre regresara y la raptara, por lo que la acompañaba a todos lados, le cambió el celular y la mantenía vigilada.

En ese año se discutía en el Congreso de la Unión el diseño y la aplicación de leyes especiales para atacar ese delito al que los defensores de derechos humanos empezaron a llamar «la esclavitud moderna», y que de acuerdo con cifras del FBI era considerado el segundo negocio ilícito más rentable del mundo, después del tráfico de drogas y antes que el de armas.

El seguimiento al fenómeno de la trata de personas implicó nuevas investigaciones periodísticas en las que organismos internacionales como la Oficina de Naciones Unidas contra la Droga y el Delito (UNODC) ubican a México, en el contexto mundial, como un país de origen, tránsito y destino para la explotación sexual de mujeres.

Esta definición me llevó a realizar un recorrido del sur al norte del país para localizar los lugares de captación de las víctimas, que ellas mismas describían en sus testimonios luego de haber sido rescatadas, como un infierno de abusos, maltrato y vejaciones.

Por tren, avión, autobús, automóvil o incluso a pie, recorrí diversas zonas de tolerancia del país en la búsqueda de historias de mujeres víctimas de trata de personas.

En Tapachula, Chiapas, hablé con Gaby, una adolescente de 16 años de edad originaria de Guatemala. Entre las penumbras del bar Las Vegas, en la zona de tolerancia de la ciudad, conocida como Las Huacas, relató, cerveza en mano, pagada por mí, incluyendo una «ficha de servicio», requisito indispensable para poder hablar con ella, que una amiga la invitó a viajar a México para trabajar como mesera en un bar y conseguir el dinero suficiente para emigrar juntas a Estados Unidos.

Hasta ese día, un año después de haber cruzado la frontera, no habían logrado reunir nada de capital porque como meseras no encontraron trabajo, sólo como meretrices. Pagaban renta en el bar, ahí las dejaban dormir y les daban de comer, pero siempre le quedaban debiendo al dueño.

La escena se repite de un bar a otro en Las Huacas: mujeres jóvenes de origen centroamericano que son forzadas a ejercer la prostitución a cambio de no ser denunciadas con las autoridades migratorias para que las expulsen de México, o presionadas con la idea de que con lo que han trabajado no les alcanza para hacer el viaje que las llevará a cumplir el «sueño americano».

El informe mundial sobre trata de personas del Departamento de Estado de Estados Unidos, de 2010, consideró que México no atacaba el fenómeno debido a la corrupción existente entre las autoridades, especialmente del personal del Instituto Nacional de Migración, quienes además de desalentar la denuncia, aceptan sobornos para permitir la prostitución infantil y la trata de mujeres a lo largo de la ruta de los migrantes centroamericanos.

La historia de Gaby se suma a la de al menos 20 mil mujeres centroamericanas que son prostituidas en burdeles, casas de citas clandestinas y bares en el sur-sureste de México, alertó en su informe global de 2010 la organización Acabar con la prostitución infantil, la pornografía infantil y el tráfico de niños con fines sexuales (ECPAT, por sus siglas en inglés), con sede en Tailandia.

En esa ruta de los migrantes centroamericanos hacia Estados Unidos por el territorio mexicano, conocí la historia de Nancy, una joven guatemalteca que fue secuestrada cuando viajaba de polizón en el tren conocido como La Bestia, que recorría el país desde Chiapas hasta los estados del Norte.

A ella la bajaron del tren en la estación de Las Anonas, en Oaxaca. Un grupo de hombres armados la obligaron a subirse a una camioneta y la trasladaron a una casa adonde había otros migrantes, principalmente mujeres. Varios de los secuestradores la violaron, otros de ellos grababan en video la agresión mientras hablaban de cómo iban a vender las imágenes por internet.

Después vino la negociación con el hermano de Nancy, quien trabajaba en Estados Unidos, para que pagara el rescate. Le prometieron no hacerle daño si, a la brevedad, enviaba el dinero para liberarla, aunque ella ya había sido violada y maltratada por los secuestradores de migrantes.

A un lado de las vías del tren, entre tierra, lodo y aguas negras, los migrantes centroamericanos duermen cobijados por la noche y el peligro, mientras esperan colgarse de los tubos del tren. Ahí se confunden hombres y mujeres, apenas cubiertos con sus ropas.

Desde hace varios años unos se cuidan a otros. Se solidarizan entre ellos. No importa si provienen de El Salvador o de Guatemala, o de cualquier otro país de Centroamérica. Temen a los secuestradores porque ya han perdido a algunos compañeros de viaje.

Las horas que permanecí en Coatzacoalcos, Veracruz, percibí el dolor, el hambre y el temor de los migrantes. Ahí escuché los testimonios de víctimas de tráfico y trata de personas que luchaban por regresar a sus países para huir de México, donde sufrieron los horrores del crimen organizado.

En diciembre de 2009, en las páginas de *El Universal* se publicó el reportaje que buscó reflejar, a través de los testimonios de las víctimas y de entrevistas con especialistas, cómo el fenómeno de la trata de personas se convirtió en una actividad muy lucrativa de la delincuencia organizada trasnacional.

La publicación de ese trabajo periodístico en el portal de internet de El Universal despertó interés. Recibimos comentarios de lectores sobre la existencia de redes del crimen organizado involucradas en el delito de la trata de personas, o denuncias por correo o por teléfono de familiares desaparecidos, con lo que el tema se volvió parte de la agenda editorial del diario.

152

Eso implicó, por mi parte, acudir a cursos de capacitación y sensibilización sobre el fenómeno de la trata de personas trasnacional pero sobre todo, acerca de la manera de entrar en contacto con las víctimas de este delito para no revictimizarlas en aras de obtener información de ellas, sin tomar en cuenta las afectaciones emocionales y sicológicas sufridas durante su cautiverio.

Esa experiencia permitió cuidar cada palabra y cada gesto durante el encuentro con Martita, una niña de 11 años de origen guatemalteco que había sido raptada en su pueblo natal, San Mateo del Mar, trasladada a México de forma ilegal y vendida a un grupo de pederastas en Cancún, Quintana Roo.

Acompañada de una muñeca de ojos grandes y elegante vestido, nos sentamos a jugar Martita y yo. Hacía unos meses que había llegado a ese albergue adonde convivía con jovencitas rescatadas recientemente de las redes de la trata de personas.

Lo primero que dijo Martita es que algunas de sus compañeras de cuarto, seis, para ser exactas, que dormían en diferentes literas, le daban miedo.

«Qué bueno que me trajiste la muñeca porque ahora ya no me voy a sentir tan solita en las noches. Voy a jugar con ella porque aquí nadie quiere jugar conmigo. Todas me regañan, incluso Paty me dio una cachetada el otro día que tuve pesadillas y no la dejaba dormir. Yo me quería acostar con ella porque tenía miedo, pero no me dejó. Paty me asusta».

Ese día había en el albergue —una casa de 16 recámaras, grandes jardines, espaciosas estancias y amplios baños con llaves de chapa de oro— unas 12 jovencitas rescatadas en diferentes operativos policiacos. Todas eran víctimas de explotación sexual.

Mientras jugábamos a que la muñeca nos contaba sus pesadillas, Martita hablaba por ella, le daba voz. «Anoche soñé que se metían muchos gusanos en mi cama, que trataban de comerme y no podía correr, ni gritar para pedir ayuda. Eso lo he soñado muchas veces. Y cuando se los cuento a las muchachas me dicen que estoy loca y no se quieren juntar conmigo».

Sentada frente al ventanal de esa recámara que compartía con otras víctimas y sus pesadillas, Martita relató todo a través de su nueva muñeca, de la noche en que su papá mató con un machete a su mamá.

«Mi hermanita y yo vimos todo. La golpeó muy fuerte, la aventó al piso y ella ya no se movió, luego le dio de machetazos y se salió de la casa. Nos acercamos al charco de sangre que salía de su cuerpo. Le hablamos, le gritamos para que nos hiciera caso pero ya no despertó, entonces la limpiamos entre las dos. Le arreglamos su pelito, le pusimos unas flores encima y esperamos a que amaneciera para que vinieran los vecinos a ayudarnos.» [*sic*]

Ni el gobierno de Guatemala ni el de México saben, con certeza, qué pasó esa noche en esa casa de San Mateo del Mar, sólo se sabe lo que Martita cuenta: que su padre mató a su mamá y que por la mañana un tío la sacó de su casa, la metió en la parte de atrás de un coche con promesas de comprarle regalos, que en el camino le dio mucho sueño y que cuando despertó ya estaba en otro lugar, muy lejos de su hermanita y del cuerpo de su madre.

Ella llegó al albergue ubicado en la ciudad de México, transferida del centro para el Desarrollo Integral de la Familia (DIF) de Cancún adonde la canalizó un policía de tránsito luego de que ella misma se acusara ante él de haber cometido un delito: señor, le dijo en su limitado español, deténgame, acabo de golpear a un hombre que me estaba agarrando mi cuerpo, le salió sangre y me eché a correr.

El policía la llevó al DIF y ahí se dieron cuenta que no tenía identificación, que su español era tan limitado como su claridad para explicar quién era, de dónde venía, quién era su familia, cómo llegó a México, desde cuándo estaba con esos hombres que le tocaban su cuerpo muchas veces, entonces optaron por dar parte a la Procuraduría General de la República, quienes a su vez la trasladaron a este albergue con pasadizos secretos y llaves del baño de chapa de oro, que fue propiedad de Amado Carrillo Fuentes, conocido como El señor de los cielos, considerado el jefe del cártel de Juárez y uno de los narcotraficantes más buscados en México y Estados Unidos.

El albergue se sostiene con aportaciones del gobierno y de organismos internacionales dedicados al apoyo a víctimas de trata de personas. Ahí, sus moradoras, llegan y se van con frecuencia. Todas son mujeres. Es el lugar en el que Martita aprendió español, a hacer pasteles y a defenderse de otras víctimas cuyos dolores emocionales y sicológicos las hacen desconfiadas y crueles con sus compañeras, adonde ha tenido que aprender a leer y a escribir porque por la falta de documentos que le den una identidad, no ha podido asistir a ninguna escuela.

La historia de Martita y la de otras cinco mujeres del albergue son contadas por ellas mismas en el libro de mi autoría *Del cielo al infierno en un día*, para el cual tuve el apoyo de la activista Rosi Orozco, quien facilitó el acceso a la casa y a las víctimas.

Durante muchas horas de convivencia, gracias a la confianza mutua, escuché sus decepciones y esperanzas. Me comprometí a depositar las regalías derivadas de la venta del libro a la cuenta bancaria del albergue.

Claudia, Mariel, Marcela, Anita y Laura, decidieron hablar de la pesadilla que vivieron y denunciar a sus captores, tres de ellas fueron reclutadas por padrotes de Tenancingo. Una fue sometida a explotación sexual por su hermanastra y otra por supuestos integrantes de la organización criminal conocida como *Los Zetas*.

Anita, de 16 años de edad, vive en el albergue desde los 14. Hablar con ella fue una experiencia de emociones contradictorias: empática y a la vez, culposa.

—Yo realizaba hasta 30 servicios sexuales al día. Tenía que atender tres celulares a los que llamaban los clientes. Mi hermana ponía los anuncios en el periódico *El Universal*, me ofrecía como una «colegiala traviesa».

El testimonio de Anita llegó hasta la máxima dirección del periódico. La tarea de sensibilización empezó por el director general, quien a su vez se encargó de hacer llegar el mensaje al propietario del diario. Durante varias semanas se habló del tema al término de las juntas editoriales. Se debatía la pertinencia de ya no publicar los anuncios sexuales, tanto en *El Universal* como en *El Gráfico,* un diario alterno de corte más popular.

Para Anita eran tan culpables su hermanastra, como los clientes y el medio de comunicación que permitía la venta de mujeres en sus páginas, sin importar la edad de las sexoservidoras o el daño que les hicieran.

Cuando finalmente se tomó la decisión, Anita tuvo un lugar privilegiado en el evento en el que se realizó el anuncio. Ese día comentó que tenía sentimientos encontrados porque mientras celebraba que ninguna otra mujer fuera vendida en ese periódico, a las autoridades que juzgaron a su media hermana apenas les alcanzó para sentenciarla por el delito de corrupción de menores, porque «no encontraron suficientes elementos para configurar el delito de trata de personas».

El jueves 19 de septiembre de 2011 se suprimieron todos los anuncios que pudieran ser aprovechados por tratantes de personas para el comercio sexual o laboral. El lunes siguiente una mujer alta, de complexión gruesa, cabellera larga negra y con un lenguaje agresivo se presentó en mi oficina para exigirme que obligara a los compañeros de ventas a que le cobraran su anuncio. Me advirtió: «Pobre de ti si mañana no se publica».

Ella portaba tres teléfonos celulares, que durante los 20 minutos que hablamos timbraban incesantes. Sacaba uno y metía otro en su amplia bolsa. Entre llamada y llamada, insistió en que la prostitución era su forma de vida, que de esa manera mantenía a sus hijos y que ella, al igual que otras mujeres que dependían del sexoservicio, se iban a encargar de que me arrepintiera por haber impulsado esa medida.

Con el apoyo del personal de seguridad del periódico, la señora salió de las instalaciones. Profirió una serie de amenazas que sólo quedaron en eso.

De 2009 a la fecha, Tenancingo ha sido un foco de atención de mi trabajo periodístico. En los últimos cinco años he leído, escuchado y escrito decenas de historias de mujeres, la mayoría menores de edad, víctimas de la esclavitud sexual de hombres de esa comunidad.

En 2011, tras una serie de operativos realizados por la Procuraduría General de Justicia del Distrito Federal, un padrote de Tenancingo me dijo en entrevista que había tenido que buscar nuevas rutas para que sus mujeres trabajaran, porque ya los policías tenían bien identificado su *modus operandi* y lo cazaban tanto en el pueblo como en las zonas de trabajo.

En diciembre de 2014 entrevisté a otro padrote de Tenancingo y confesó que ya habían encontrado nuevas formas de trasladar a sus mujeres a la ciudad de México para que trabajen en el sexoservicio. «Es que en el DF hay muchos consumidores, se gana más dinero que en Puebla o en Tlaxcala».

Así, todos los días y en diferentes horarios, de camino al trabajo o de regreso a casa, al cruzar por la zona de Buenavista en el centro de la ciudad de México, observo el desfile de jovencitas vestidas de manera muy similar, ofreciendo servicios sexuales sobre la banqueta de una calle muy popular y transitada por niños, señoras, políticos, policías, sin que nadie las mire a los ojos y les pregunte si es su voluntad estar ahí o son obligadas. «Son parte del paisaje urbano», me dijo una señora al salir del supermercado que está a unos pasos de ellas.